内見・引っ越しからお部屋づくり・
家事・お金・防犯まで！

ひとり暮らし
かんぺきBOOK

よいしょっと…

いや～、
ここまで長かったなぁ…

まずどの街に住むかリサーチして…
前に旅行した○○町の雰囲気よかったな～

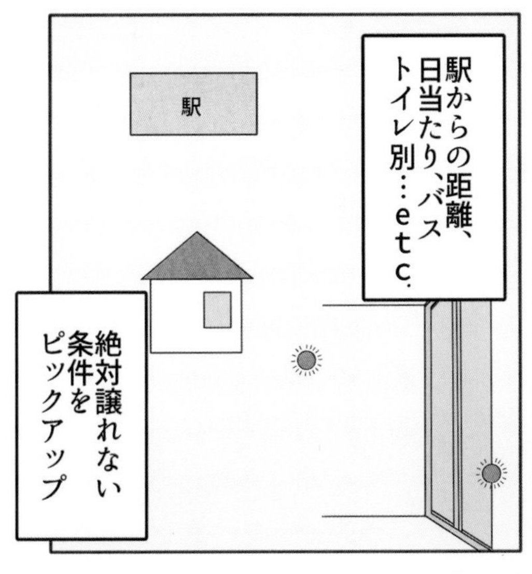
駅からの距離、日当たり、バストイレ別…etc.
駅
絶対譲れない条件をピックアップ

次は内見に行って防犯チェック
インターフォンはモニター付が良き。
通話/終話
カギはディンプルキーやカードキーがベスト

物件が決まったら引っ越し業者選び
口コミや対応の良さ、金額面を考慮
○○引っ越しセンターの引っ越しレポート
★★★★★
懇切丁寧な対応でした！
また、引っ越しの日付も
柔軟に対応してくださり
安心して任せられました。
★★★★☆
全員とても丁寧で迅速に
対応してくれました。
ただ少し費用が高いかな
という印象…。

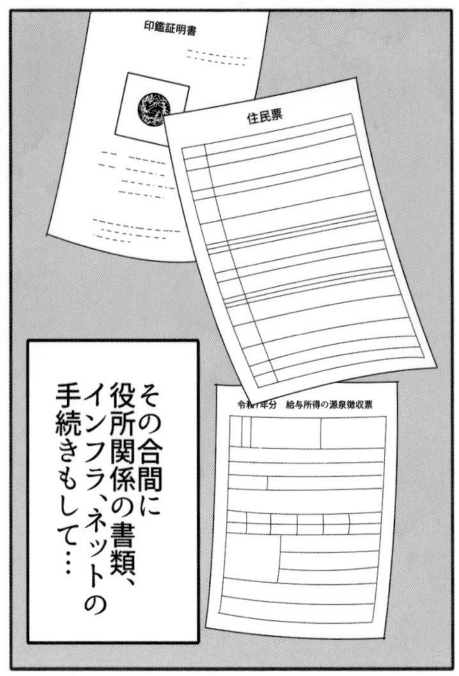
印鑑証明書
住民票
給与所得の源泉徴収票
その合間に役所関係の書類、インフラ、ネットの手続きもして…

そして、一番大変だった荷造り

部屋ごとに分類して、
さらにグループ分け
して……
風呂場①
洗面器周り
台所

でも使う頻度の
少ないものから
荷造りしたから、
「しまった、これ
使いたかったのに
しまっちゃった！」
ってことがないのが
よかったたな

引っ越し先に着いたら、
ダンボールは使う
部屋に運んで、すぐ
使うものから開封

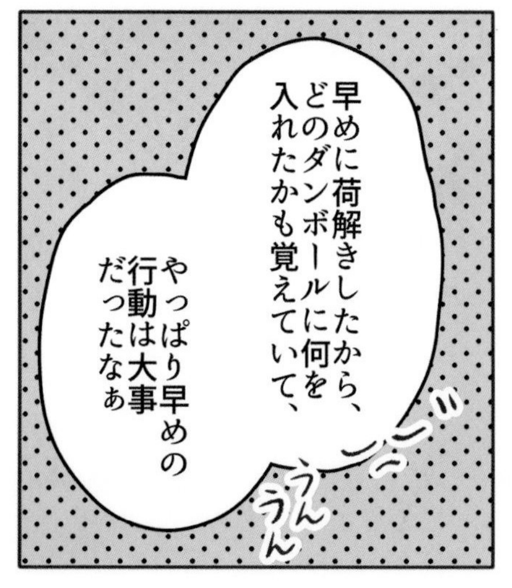
早めに荷解きしたから、
どのダンボールに何を
入れたかも覚えていて、
やっぱり早めの
行動は大事
だったなぁ
うんうん

そして、
部屋のレイアウト

インテリアは
少ない色で
まとめて統一感と
清潔感を
背の低い家具を
選んで広々とした
印象を作る

あと、
余計なものは
買わない
これがなかなか
むずかしい…
カワイイけど
置き場所
困るな〜
でもほしいな〜

この数か月本当に
大変だったけれど、
自分の好きな
インテリアに囲まれた
部屋に帰るのが楽しい
ここからが
スタートだけど、
これから
よろしくね。
私のお家

CONTENTS

ひとり暮らしの準備・段取り丸わかり 10
ひとり暮らしの準備カレンダー 12
引っ越し～新生活開始に必要なお金は？ 14
マンガひとり暮らしあるある①『下見』 16

PART 1
失敗なしのお部屋探し・引っ越し 17

物件はどうやって決める？ 18
不動産広告は情報の宝庫 20
物件探しは何を重視する？ 22
内見のチェックポイントは？ 24
不動産契約でかかる費用は？ 26
物件を決めたらどうする？ 28
引っ越し業者の選び方と相場 30
効率よく進められる荷造りテクニック 32
引っ越しで必要な手続き 34

PART 2
帰りたくなる&招きたくなるお部屋づくり 37

レイアウトやテイストを決めよう 38
家具・小物選びのポイントは？ 40
ひとり暮らしでも広々と見せるには？ 42
すっきり暮らす収納術① クローゼット 44
すっきり暮らす収納術② キッチン 46
すっきり暮らす収納術③ 水回り&リビング 48
快適に暮らすための片付けルーティン 50
先輩に聞く、お部屋づくりのコツ① まるでホテル！ミニマルなホワイトインテリア 52
先輩に聞く、お部屋づくりのコツ② 木のぬくもりや陽射しを楽しむナチュラルインテリア 58
先輩に聞く、お部屋づくりのコツ③ 大切なものが多すぎる人のための収納テクニック 64
COLUMN 整理収納アドバイザーが教える収納スペースを増やす便利グッズ 68

PART 3
最低限これだけ知っておきたい家事入門・掃除&洗濯編 69

基本の掃除道具 70
掃除の進め方 72
基本の掃除用洗剤 73
掃除は小・中・大に分ける 74
COLUMN 汚れる前が肝心！入居前にこれをやっておこう！ 75
キッチンの掃除① 76
キッチンの掃除② 78
リビングの掃除 80
お風呂・洗面所の掃除 82

STAFF
アートディレクション／松浦周作（mashroom design）
デザイン／森 紗登美（mashroom design）
本文イラスト／加納ナナ、塵芥、むらまつしおり
ライター／稲葉美映子、荒原 文
校正／文字工房燦光
DTP／ニッタプリントサービス
編集協力／野田りえ
編集／鈴木菜々子（KADOKAWA）

トイレの掃除 84
玄関・ベランダ・窓の掃除 86
虫・カビ対策 88
ゴミ出しの基本 90
洗濯の基本 92
洗濯表示の読み方 94
洗濯物の干し方 96
知っておくと便利な洗濯テクニック 98
寝具やカーテンの洗濯　アウターなどのお手入れ 100
衣替えのすすめ 102
マンガひとり暮らしあるある②『掃除の極意』 104

PART 4
最低限これだけ知っておきたい家事入門・料理編 105
基本の調理器具 106
基本の食器 108
基本の調味料&常備食材 110
はかり方と切り方 112
食品保存の基本 114
一汁一菜からスタート 116
「炒める」をマスターしよう 118
COLUMN
小さな野菜おかずのアイディア帳 120
電子レンジをもっと活用 121
お弁当生活にチャレンジ！ 124
自炊生活Q&A 126
マンガひとり暮らしあるある③『レンジ鍋』 128

PART 5
ひとり暮らしのお金事情 129
ひとり暮らしのお金、どれくらいかかる？ 130
お金のやりくりの基本 132
クレジットカード&電子マネー 134
将来に備えるお金とのつきあい方 136
お金のトラブル相談室 138
マンガひとり暮らしあるある④『家計簿アプリ』 140

PART 6
ひとり暮らしの防犯・防災マニュアル 141
ひとり暮らしの防犯対策①　おうちの中編 142
ひとり暮らしの防犯対策②　おうちの外編 144
ネットにまつわるトラブルを防ごう 146
ご近所トラブルを防ごう 147
ひとり暮らしの防災対策①　地震・自然災害編 148
ひとり暮らしの防災対策②　火災編 150
体調を崩したときは？ 152
ひとり暮らしのトラブル相談室 154
マンガひとり暮らしあるある⑤『ローリングストック』 158
監修者紹介 159

ひとり暮らしの
準備・段取り丸わかり

ひとり暮らしをすることが決まったら、準備スタート！
新居探しから引っ越しまでの段取りをまとめました。

1
物件探し

P.18〜25

まずは生活の拠点となる住まい探しから。家賃の予算と、優先したい条件を考えて不動産会社へ。内見して気になるポイントをチェック。

2
物件の申し込み・入居審査・契約

P.28

気に入った物件が見つかって申し込みをしたら、審査を経て契約へ。入居日から家賃が発生するのですぐに引っ越し準備をスタート。

3
引っ越し業者を選定・引っ越し日を決定

P.30

新生活にお金を回すためにも引っ越しは安く済ませたいもの。複数の業者から見積もりを取って値引き交渉を。引っ越し日も決定。

4
家具・家電・生活用品を購入

P.15

配送や設置を依頼する場合、３〜４月は混むので早めに手配。すぐ使うものは引っ越し当日か前後に新居に届くように準備を。

5 荷造り

P.32

直前に慌てないように、早めのスタートが◎。すぐに使うものと使わないものに分類し、使用頻度の低いものから荷造りします。

6 ガス・電気・水道、ネット回線を契約

P.34

引っ越し当日から使えるように早めに手続きを。ガスは開栓に立ち会いが必要で、ガス会社に予約を取らなくてはいけないので注意。

7 引っ越し前の届出

P.34

他の市区町村へ引っ越す場合、引っ越し前に役所に「転出届」を提出。郵便局にも「転居届」を出し、郵便物の新住所への転送を依頼。

8 入居前のチェック＆掃除

P.31、75

新居に荷物を入れる前に、傷や汚れなど不備がないか確認を。また、掃除やカビ対策なども済ませておくと引っ越し後が楽になります。

9 引っ越し・荷ほどき・設置

通路をふさがないように大きな家具・家電から搬入を。引っ越しが完了したら暗くなる前にカーテンや照明器具を取り付けましょう。

10 引っ越し後の届出

P.35

他の市区町村から引っ越した場合、新住所の役所に「転入届」を提出。国民健康保険加入の手続きや運転免許証などの住所変更も。

ひとり暮らしの準備カレンダー

新生活の準備は時間との勝負！
引っ越しまでのスケジュールを意識して行動しましょう。

1か月半前

◆ 物件探し

- 不動産会社で相談
- 条件の優先順位を決める
- 気になる物件を内見
  - □ 家電・家具を置く場所やドアのサイズなどを確認
  - □ 管理状態を確認
  - □ 周辺の環境を確認

1か月前

◆ 物件の申し込み

- 申込書類や必要書類を提出

3週間前

◆ 入居審査

- 入居審査が通ったら契約に必要な書類を不動産会社に確認して用意

◆ 契約

- 必要書類を提出
- 賃貸借契約書を結ぶ
  - □ 入居日（家賃が発生する日）を確認

◆ 引っ越し業者を選定・引っ越し日を決定

- 複数の引っ越し業者のサイトなどで値段やプランを確認
- 複数の引っ越し業者に見積もりを依頼
- 引っ越し業者に交渉
  - □ 値引きしてもらえるか確認
  - □ 希望の引っ越し日に予約できるか確認
- 引っ越し業者に荷物の量や大型家具・家電の有無を伝え、段ボール箱などの梱包用品を提供してもらう

3週間前

◆家具・家電・生活用品の購入を開始

- 新生活に必要なものを調べ、新たに買いたいものを購入
- 配送や設置が必要な家具・家電は早めに手配

◆不用品の処分

- サイズの大きいものは自治体の粗大ゴミ回収を早めに依頼
- 状態のよいものはフリマアプリやリサイクルショップなどで売却

◆荷造りを開始

- すぐに使わないものから順に荷造りし、箱の外側に中身と運ぶ場所を記入
- 引っ越し後すぐに使うものをキャリーケースに入れる
- 通帳や印鑑などの貴重品は当日の手荷物に入れる

1〜2週間前

◆インフラの手配や役所などの手続き

- ガスを契約、開栓立ち会いを予約（3〜4月は混むので2週間前までの予約が安心）
- 電気・水道、ネット回線を契約
- 役所に引っ越し前の届出を行う
- 郵便局に転居届を提出

◆入居前の掃除

- 傷や汚れなどをチェックし、写真保存
- 新居を掃除（難しい場合は当日荷物が届く前に行う）

当日

◆引っ越し

- ガス開栓の立ち会い
- カーテン、照明の取り付け、荷ほどき

引っ越し後〜2週間以内

◆引っ越し後の届出

- 役所に引っ越し後の届出を行う
- 運転免許証や銀行口座、クレジットカードなどの住所変更

引っ越し～新生活開始に**必要なお金**は?

ひとり暮らしを始めるにあたってまず用意したいのはお金。
予算を決めて無理のない計画を立てましょう。

引っ越しまでにかかるお金を用意

不動産契約にかかる費用(P.26)

家賃5～6か月分程度

「敷金」「礼金」「仲介手数料」「火災保険料」など。その他、保証人を立てない場合は「保証会社利用料」、鍵を交換するときは「鍵交換費用」などプラスの料金がかかることも。

家賃が高くなると初期費用が増えるのはもちろん、今後の生活にも影響が。物件探しの際は条件だけでなく、費用や予算も考えて判断を

家具・家電・日用品購入費

25～30万円程度

なんとなく買うと、実際には使わないものが出てくることも。自分のライフスタイルを考え、必要かわからないときは「最低限」で済ますことを意識。新品にこだわらず人から譲ってもらうと節約に。

引っ越し費用

3～10万円程度

荷物の量や移動距離のほか、時期や時間帯によっても料金が変わります。3月～4月は引っ越しする人が多いので高くなる傾向が。節約するなら人気のある週末や午前の時間帯を避けて。

当座の生活資金も確保して

新生活が始まってからも、お金はすぐに必要になります。家賃、水道・ガス・電気代、生活費…etc. 毎月かかるお金についてはP.130を参照し、余裕を持って用意しておきましょう。

《新生活開始にすぐ必要なものって何?》

後から買い足せるので、最初に揃えるアイテムは絞って。
「引っ越し後すぐに使うもの」をリストアップしてみました。

家具・家電

- □ カーテン
- □ 寝具
- □ テーブル
- □ 冷蔵庫
- □ 洗濯機
- □ 照明器具（部屋に備え付けられていない場合）
- □ エアコンやヒーター（部屋に備え付けられていない場合）
- □ 電子レンジ

引っ越しの日は荷ほどきグッズを用意

箱を開けたり、荷物を取り出したり、家具を設置したり。引っ越しの日にあると便利なハサミやカッター、軍手はすぐに取り出せるように手持ちの荷物に入れて。家具を組み立てるならドライバー、照明の取り付けなど高い場所で作業するなら脚立もあるとスムーズ。

生活用品

- □ 歯ブラシ・歯磨き粉
- □ パジャマ
- □ 衣類
- □ 洗濯用品（ハンガーや洗濯ネット、物干し竿など）
- □ 洗濯用洗剤（P.92）
- □ 調理器具(P.106)
- □ 食器(P.108)
- □ 常備薬
- □ スマートフォンの充電器
- □ 掃除道具（P.70）
- □ 掃除用洗剤（P.73）
- □ ゴミ袋
- □ トイレットペーパー
- □ ティッシュ
- □ タオル・バスマット
- □ バス用品（シャンプー、コンディショナーなど）
- □ 洗面用具（基礎化粧品や洗顔フォームなど）

\マンガ/
ひとり暮らしあるある 1『』

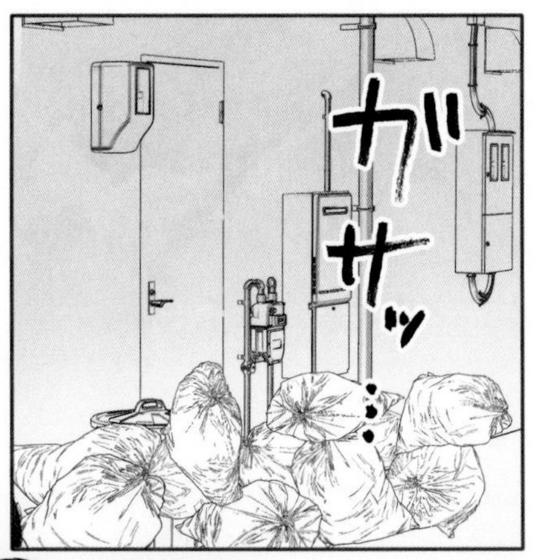

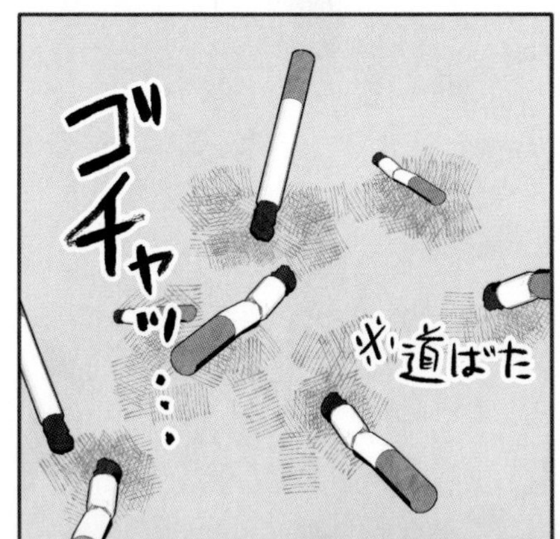

PART

1

監修／
髙幣幹司
（isroom）

失敗なしのお部屋探し・引っ越し

ひとり暮らしの第一歩！

物件はどうやって決める？

何から始めればいいんだろう…
初めてのひとり暮らしは疑問だらけ。
ポイントをしっかり押さえ、
理想の部屋を見つけましょう。

まずはターミナル駅の不動産会社に行ってみよう

引っ越しの1～1か月半前から探そう

賃貸物件は仮押さえができず、申し込みから約2週間で家賃が発生するため、部屋探しのスタートは入居希望日の1～1か月半前が目安です。通勤・通学の利便性などを考慮して住みたいエリアを決め、ターミナル駅にある賃貸仲介専門の大手不動産会社へ行ってみましょう。

＼ 不動産屋のウラ話 ／

なぜ「大手不動産会社」なの？

中小と比べると取引件数が圧倒的に多いため、その分経験値の高い営業マンが在籍していることが多い。何軒かあたって、相性の良さそうな担当者を見つけられるとベストです。

ネットよりもリアルな不動産会社が良いワケ

ネット上の掲載物件には、実は「募集終了物件」も多く、なかには集客目的の「おとり物件」も。また、収納の奥行きや部屋の雰囲気などピンポイントで知りたい情報が得られにくいため、リアルな不動産会社で直接相談をするのが最も効率的です。

＼ 不動産屋のウラ話 ／

宅建免許の数字をチェック

不動産会社の名刺やHPには、宅地建物取引業の免許番号が。（　）内の数字は5年に一度ある免許の更新回数で、～5年目は（1）、～10年目は（2）となり、数字が大きいほど長く営業していることがわかります。

不動産会社にはこんなことを相談してみよう

"はじめてのひとり暮らしです"

「部屋の探し方がわからない」と素直に相談してOK。希望を伝えて相談すれば、より現実的で自分に見合った条件が見えてくるはず。実は、最初に考えていた条件と最終的に決まる部屋は、違う人の方が多いのです。

＼ 不動産屋のウラ話 ／

相談だけでもOK!

その日に内見や申し込みをするイメージがあるかもしれませんが大丈夫。予約時にあらかじめ「まずは相談だけしたい」と伝えておきましょう。もちろん契約の意思があることもきちんと伝えて。

"家賃はどれくらいがいいの？"

家賃は、手取り収入の3割が目安。毎月、無理なく支払える上限額をあらかじめ設定したうえで、希望エリアの家賃相場を聞いてみましょう。

"立地や間取りはどうやって選べばいいの？"

「会社や学校まで30分以内」「休日は家で静かに過ごしたい」など、まずは自身のライフスタイルを考えて。家賃や立地との兼ね合いは悩みどころなのでじっくり相談しましょう。

＼ 不動産屋のウラ話 ／

ネット物件は即内見!

ネットで物件を見つけたら、当日または翌日に内見できるか確認を。「おとり物件」の可能性もありますし、間を空けて訪問すると「募集終了」とその場で言われ、無駄足となることがあるからです。

理想の部屋を見極める

不動産広告は情報の宝庫

専門用語や見方を知れば、家賃や間取り、設備など自分の条件に合っているかどうか正しく判断することができます。

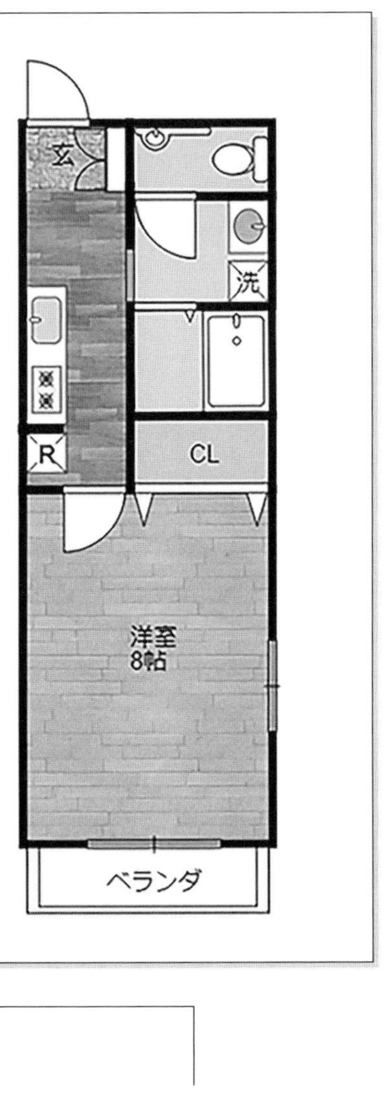

備考

鍵交換代や退去費用、保証会社との契約についてなど。「告知事項あり」は、過去に事故や事件、トラブルが発生しているケースが多いです。

設備

電気やガス、ネット環境など物件または建物自体に備わる主な設備。記載されていない設備もあるため、念のため確認しましょう。

交通

「徒歩1分＝80m」で計算した、最寄り駅までの所要時間。信号待ちや踏切などは考慮されていません。

構造

主に、鉄筋コンクリート造(RC)、鉄骨鉄筋コンクリート造(SRC)、鉄骨造(S)、木造など。それぞれ防音・耐火・耐震性が異なります。周囲の音が気になる人はSRCがおすすめ。

専有面積

部屋部分に加え、玄関からキッチン、バス、トイレなどすべての延べ床面積を算出したもの。都市部では、25㎡前後が標準的なひとり暮らし用物件の広さといわれています。

部屋の方角

方位記号は、物件の向きを示したもの。部屋の日当たりがわかりますが参考程度に。日中に、現地で確認するのが確実です。

賃貸マンション【1K】

●●線「●●駅」徒歩10分

物件名	マンション●●
最寄駅	●●
間取り	1K
賃料条件	賃料62,000円　礼金1カ月　敷金1カ月

所在地		●●県●●市●●3丁目		
交通		●●線●●駅　徒歩10分		
建物	建物構造	RC		
	専有面積	27.00㎡		
	間取り内容	洋8.0・K		
	方角	東南		
築年月		20××年11月	契約期間	2年
駐車場		なし		
管理費等		3,000円/月		
現況		空家	入居日	即時
設備		都市ガス／室内洗濯機置き場／バストイレ別／クローゼット／フローリング／エアコン／独立洗面台／電気コンロ／バルコニー／光ファイバー		
備考		保証会社　要　2年11,000円 鍵交換費用　12,000円		

現況・入居可能時期

「入居できる日にち」「即時」など物件の状況が記載されています。「空き予定」の場合は、まだ人が住んでいるため、内見は基本不可。

契約期間

契約した部屋に住める期間。2年契約が多く、継続を希望する場合は、貸主に更新料を支払うのが一般的です。

広さ・駅からの距離・日当たり……

物件探しは何を重視する？

実際の生活をイメージして、何を大切にしたいか考えよう。条件の優先順位を決めておくと部屋探しがラクになります。

物件探しのチェックポイント

駅からの距離

5～7分がねらい目。5分以内の駅近物件と比べ家賃相場が下がり、電車の音も気になりにくくなります。ただし人通りの少ない道があるかもしれないため内見の際にチェックを。

エリア

学校や職場へのアクセスをベースに考えてみましょう。バスの本数や電車の乗り換え回数を考慮し、片道約30分以内を目安に。

日当たり

「部屋の方角」とは、バルコニーがある方角を指し、南→東→西→北向きの順に日当たりが良いとされています。南向きでも階数や周囲の建物次第なので、必ず現地で確認を。

間取り

家賃や生活のしやすさを左右する間取り。家具や荷物の量、食事スペースと寝室を分けたいかなどを考えて選びましょう。駅から離れれば条件もよくなります。

セキュリティ

防犯性を高めたい場合は、オートロック・2階以上が基本。バルコニー側が外から丸見えではないか、外階段がある場合は、部屋の出入りの見えやすさもチェックポイント。

角部屋

片側のみが隣の住戸と接している角部屋は、2方向以上に窓があるため十分な採光と風通しが期待できます。また、生活音が伝わりにくいメリットも。

＼ 不動産屋のウラ話 ／

優先順位を決めておこう

あれもこれもと条件にこだわりすぎると、希望に合う物件になかなか出会えないことも。家にいる時間が長い場合は日当たりを優先させて、駅からの距離を妥協するなど、ライフスタイルに合わせて条件を絞ることが大切です。

「住んでみて気がついた!」ひとり暮らし先輩からのアドバイス①

初めてのひとり暮らしに失敗はつきもの。物件選びの参考に、先輩たちのリアルな体験談とアドバイスをまとめました。

生活するうえでの動線も大切

スーパーは、駅からの帰り道にあるのがベスト。家を通り過ぎないと行けない位置にあると、買い物を面倒に感じてしまいます。(M・Yさん)

事故物件を見分けよう

入居者が亡くなる場所となった「事故物件」は、不動産資料などにその旨が記載されていることがほとんどですが、事故物件の定義には曖昧な部分も。念のため契約前に不動産会社に確認を。(A・Kさん)

バス・トイレ同室はくつろげない

お風呂と洗面台、トイレが一室にある我が家。家賃を抑えるために選びましたが浴室が狭いためリラックスできません。快適なバスタイムを送りたい人は避けた方が無難かも。(S・Nさん)

キッチンが意外と狭かった

実際に料理をし始めると、コンロが1口のキッチンはとても狭くて不便でした。内見の際に、実家の慣れ親しんだキッチンなどと大きさを比較して確認するべきだったと反省。(N・Dさん)

収納スペースの確保を!

収納がゼロの部屋だったので、入居後に収納家具を買おうと思っていましたが、住み始めた途端に床が物でいっぱいに……。片付ける場所が本当になくて困りました。(A・Kさん)

気になる物件を見に行こう

内見のチェックポイントは？

内見とは、「内部見学」の略称。映像や音声によるオンライン内見もありますが、実際の訪問がおすすめ。雰囲気や細部まで確認できます。

内見時の持ち物

- □ メジャー
- □ 方位磁針
- □ スマホ、カメラ
- □ メモ用紙
- □ 間取りの図面
- □ 筆記用具

《 家具を配置したときの動線 》

どのように家具を配置したいかをイメージしましょう。レイアウトだけでなく、ドアや窓、コンセントなどの位置をふまえたうえで、きちんと動線が確保できるかも重要。

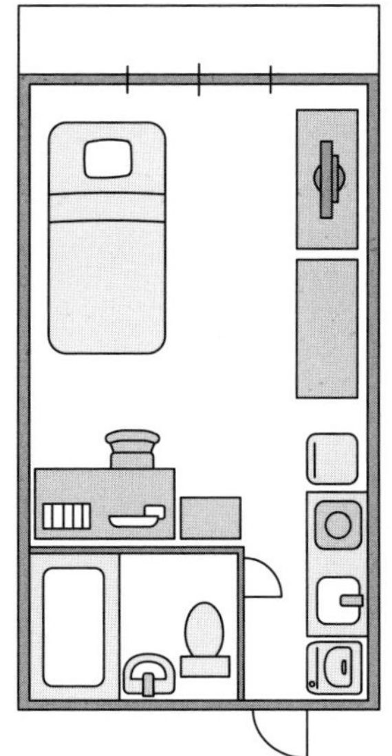

持っていきたい、もしくはこれから購入する家具・家電がもう決まっている場合は、内見前にあらかじめ寸法を図っておくのがベスト。部屋に収まるかチェックしましょう。

《 建物の管理状態 》

ゴミ捨て場や集合ポストなど、共用部分にも目を向けて。住民のマナーや管理会社の体制が反映されています。管理状況が悪ければ、入居後トラブルが起きた際の対応もあまり期待できないかも。

周辺環境は昼夜でチェック

街の雰囲気や環境は、昼と夜ではガラリと変わることも。日中は賑やかでも、夜は人通りが減って寂しく感じることもあるかもしれません。昼夜の2回、最寄り駅まで歩いてみましょう。

メジャーで測っておこう

内見時には「採寸」もお忘れなく。最初に測っておけば、再訪の手間も省けてあとあとラクです。測っておくといい場所はこちら。

- □ 洗濯機置き場
- □ 収納スペース
- □ 玄関などのドア
- □ 冷蔵庫置き場
- □ 窓
- □ ガス台

防犯のチェックポイント

特に女性のひとり暮らしで気になるのが「防犯性」。
実際に自分の目で見て確認しましょう。

□ 郵便受けに鍵はついているか

共用部にあるため、郵便物を盗まれるトラブルも。鍵の有無を確認し、ない場合は後付けすることもできます。

□ 鍵の形状は「ディンプルキー」に

鍵は大きく分けて5種類あり、多く普及しているのはロータリーディスクシリンダーキーです。ピッキング対策がなされていますが、より防犯性を高めたいならディンプルキーを。大小複数のくぼみが施された複雑な構造で、その防犯性の高さから金庫にも採用されています。

□ 建物のエントランス

夜でも照明がついていて明るく、周囲からの見通しが良い構造になっているかが大切です。

□ 侵入されやすい経路がないか

建物周辺に塀や樹木などがあれば、それらを足場とし、2階のベランダなどから侵入される可能性も。

□ 玄関の鍵が1ドア2ロックか

1つのドアに2つ以上の鍵がついていれば、侵入にかかる時間は2倍以上。空き巣の防止効果が期待できます。

敷金・礼金…etc.

不動産契約でかかる費用は？

実際に部屋を借りるとなると
どれくらい費用が必要なのか。
契約する前に知っておきたい
お金に関する基礎知識。

《契約時にかかる費用は？》

名称	意味	相場
敷金	家賃滞納や退去時の現状回復費に備えて、貸主や管理会社にあらかじめ預けるお金。使われなかった分は返金されます。	家賃 1〜2か月分
礼金	貸主に、お礼の意味を込めて渡すお金。退去時の返金はなし。最近は、礼金ゼロの物件も増えています。	家賃 1か月分
仲介 手数料	賃貸物件の契約を仲介した不動産会社に支払う手数料。成功報酬として支払うものなので、契約が決まらなければ発生しません。	家賃 0.5〜1か月分 ＋消費税
火災 保険料	契約期間中の火災や水漏れ事故などに対応する保険のこと。加入は基本任意ですが、契約条件に含まれていることがほとんどです。	2万円／2年 （保証内容により異なる）
前家賃	契約時に前もって支払う入居月の家賃。月の途中から入居する場合は、日割り計算します。	家賃1か月分 （日割りの場合もあり）

こんな費用がかかることも

名称	意味	相場
保証会社 利用料	連帯保証人の役割をする保証会社に対して支払うお金。契約時に初回保証料と、1〜2年毎に更新保証料が必要です。	〈初回保証料〉 家賃0.5〜1か月分 〈更新保証料〉1万円
鍵交換 費用	入居者が変わる際、防犯対策で鍵とシリンダーを交換するための費用。基本任意ですが、契約条件に含まれていることがほとんどです。	1〜2万円 （鍵の種類による）
室内消毒 費用	入居前に、ゴキブリなどの害虫駆除、消毒殺菌、消臭除菌をするための費用。初期費用に含まれている場合がありますが、任意なので不要の場合は申し出を。	1〜2万円

家賃以外の費用もチェック

物件を検討するときには家賃に目が行きがちですが、それ以外に共用部分の管理などのために「管理費」や「共益費」がかかる場合もあるので、契約前に確認するようにしましょう。

＼ 不動産屋のウラ話 ／

敷金礼金ゼロは本当にお得なの?

初期費用は軽減されますが、「家賃や退去時のクリーニング代が割高」「保証会社への加入が必須」になるケースも。敷金礼金はゼロの代わりに、別の項目に上乗せされている可能性があるのです。なお、礼金ゼロは貸主の厚意なのでデメリットはありません。

損しないための家賃交渉

家賃は最終的に物件のオーナーが決めるもの。そのため交渉は不可能ではありません。築年数が古い・空室が続いている物件や、貸主が個人の場合は交渉しやすいことも。窓口は不動産会社なので、一度相談してみる価値ありです。相談は、入居申込みの前までに。

＼ 不動産屋のウラ話 ／

費用負担は「紛争防止条例」で確認

借主（借りる人）が不利益を被らないために、東京都では「賃貸住宅紛争防止条例」が制定されています。入居中の設備修繕費や退去時の原状回復費用など、これまでトラブルになりがちだった費用について貸主（貸す人）と借主の負担を明確化。契約時に、該当書類が含まれているので一度目を通しておきましょう。

申し込みから入居日までの流れを確認！

物件を決めたらどうする？

気に入った物件が見つかればいよいよ契約。申し込みをしたら入居審査が待っています。必要書類も忘れずにチェック！

申込書類を準備しよう

入居申込書に契約者の氏名や住所、勤め先などを記入。「緊急連絡先」は、金銭的な責任はないため家族以外に頼むケースも。ほか身分証明書の提示も必須です。

入居審査

入居申込書をもとに、安心して貸すことができるかどうか、支払い能力などを貸主が審査します。結果が出るのは3日～1週間後。

契約書類あれこれ

借主が用意する書類

審査が通れば、晴れて契約！ 下記の必要書類を揃えて不動産会社へ行きましょう。
書類によっては取り寄せに時間がかかったり、役所に行く必要もあるため早めに準備を。

- □ 収入証明書（源泉徴収票、個人事業主は納税証明書など）
- □ 連帯保証人※の住民票と印鑑証明書
- □ 住民票
- □ 印鑑証明
- □ 銀行印と通帳

※連帯保証人の収入証明書が求められることもある。また、連帯保証人の代わりに保証会社を利用できる場合も。

不動産会社が用意する書類

不動産会社からは、基本的に貸主と借主の取り決め事項がわかる「賃貸借契約書」、物件の情報や賃料、契約などが書かれた「重要事項説明書」、「火災保険についての書類」、保証会社を利用するなら「保証会社の契約書」、東京都なら「賃貸住宅紛争防止条例の書類」が提示されます。

《家賃発生日を確認して引っ越しを決める》

日	月	火	水	木	金	土
					1	2
			お部屋探しスタート（不動産会社へ足を運んで）→			
3	4	5	6	7	8	9
→						
10	11	12	13	14	15 申し込み →入居審査	16
		気になる物件を内見 ← →				
17	18	19	20	21	22 契約	23
24	25	26	27	28	29	30
31 引き渡し・入居（家賃発生）→						

家賃は申し込みから約2週間〜1か月で発生

「入居日」とは引っ越しの日ではなく、「家賃の支払いが始まる日」のこと。入居日は、審査通過後、賃貸借契約を結ぶ際に確定されます。空室の場合は、申し込みから約２週間〜１か月で家賃が発生する場合がほとんど。希望の入居日がある場合は、申し込み時に不動産会社に相談しましょう。

＼ 不動産屋のウラ話 ／

契約書の特約事項をチェック！

「特約事項」は、通常の契約に付け加えられた、貸主と借主間で交わされる特別な決めごと。更新料や違約金についてなど重要な事柄がいっぱいなので、いつでも確認できるよう写真を撮っておきましょう。

引っ越し業者の選び方と相場

見積もりのとり方とタイミングがカギ

物件が決まれば次は引っ越しです。
「どこに頼む？」「どこが安い？」
労力も費用も最小限に
抑えられるよう効率よく
準備を進めていきましょう。

見積もりをとる

引っ越し業者を決めるために、まずは見積もりをとりましょう。
複数の業者から見積もりをとれる「一括見積もりサイト」で３～４社を選定し、「訪問見積もり」の依頼を。実際に荷物量を確認するためより精度が高く、スタッフと直接話ができるメリットも。
各社、単身向けのプランを出しているので、価格やサービス内容を比較検討しましょう。同時に複数の業者から見積もりをとることで、値引き交渉もしやすいです。

引っ越し料金が安い日は？

引っ越しは、需要により料金が左右されます。
単身の相場は、通常４万円台のところ、３～４月の繁忙期には7万円台に。費用を抑えたい場合は、繁忙期および月末・月初を避けた火曜～木曜、時間は午後からまたは指定なしのプランが◎。
業者によっては、お得な引っ越し日がわかるカレンダーを公開しているのでチェックしてみましょう。

追加料金に注意

「新居にエレベーターがなく引越しに手間がかかった」「ドアなどの幅が狭くクレーンで荷物を運び入れた」「荷物が多すぎて用意したトラックに積みきれなかった」などのケースは追加料金がかかることも。見積もり時には立地条件や荷物量などの情報を正確に伝えましょう。また、当日荷造りが間に合わない場合も料金を追加されることが。

COLUMN

引っ越し前に新居のここをチェック!

床や壁の傷は写真を撮っておこう

荷物搬入前に、部屋全体を確認しましょう。不備があった場合は、なるべく速やかに不動産会社や貸主に連絡を。また、目立つ傷や汚れなどの状況は写真で残しておくこと。入居前からついていたと証明できないと、退去時に原状回復費用を請求される場合があるからです。

撮影はスマホではなく、改ざんが困難な使い捨てカメラがおすすめ。日付も入るので、より証拠能力が高いです

□ 水漏れやカビはないか

キッチンや洗面所、お風呂などの水回りでは漏れや詰まりがないか、しばらく水を流してみて。窓のないトイレやお風呂は、カビも発生しやすいです。

□ 設備の動作は正常か

インターホンや換気扇、エアコン、給湯器など、あらかじめ備え付けられている設備が正常に動くか、実際に稼働させてみましょう。

□ ドアの建て付けに問題はないか

とりわけ築年数が古い物件は、ドアや窓がスムーズに開閉できないケースも。鍵がちゃんとかかるかも併せてチェックを。

□ 壁や床に目立つ傷や汚れはないか

壁は、クロスの変色や穴あきなどを確認。床は、家具の擦れなどによる傷やへこみをチェックし、目立つものがあれば写真を撮っておきましょう。

ただ詰めればいいわけじゃない

効率よく進められる荷造りテクニック

荷造りを始めるのは
引っ越し約3週間前が理想的です。
ちょっとしたコツがわかれば、
新居での荷ほどきもスムーズに。

1 引っ越し後すぐに使うものと、使わないものを分ける

使用頻度の低いものから詰めていくのが鉄則。玄関やキッチンなど新居のどこで使うかを考えながら荷造りすることで、荷ほどきもラクになります。普段から使うものは、引っ越し1～2週間前を目安に梱包をスタート。衣装ケースは、引き出しが開かないようにテープで留めればそのままでOK。通帳などの貴重品や貴金属は、自分で持っていきましょう。

引っ越し後すぐに使うものは、一目でわかる＆最後にサッと詰め込めるキャリーケースがおすすめ！

すぐに使うもの

- 衣類
- トイレットペーパー
- 洗面用具や化粧品
- 雑巾やゴミ袋など掃除道具
- カーテン
- まな板や包丁、箸や皿など最低限の食器
- スマートフォンの充電器
- ハサミやカッターなど荷ほどきグッズ

すぐに使わないもの

- オフシーズンの衣類や靴
- オフシーズンの季節家電
- 本
- CD
- 写真や手紙など思い出の品
- ぬいぐるみなどの小物や雑貨
- 洗剤など日用品のストック
- 使用頻度の低い調理器具や食器

2 段ボールは多めにもらっておく

単身の場合、段ボールの必要数は10 〜 15枚。サイズは主に3種類あり、多くの引っ越し業者が無料で提供しています。事前に枚数を確認し、少し多めにもらっておくと安心です。
梱包が終わったら、側面に「アウター／クローゼット」など、中身と収納場所を大きく書いて。搬入時に、荷物を場所別に振り分けられると、荷ほどきの時間が短縮できます。

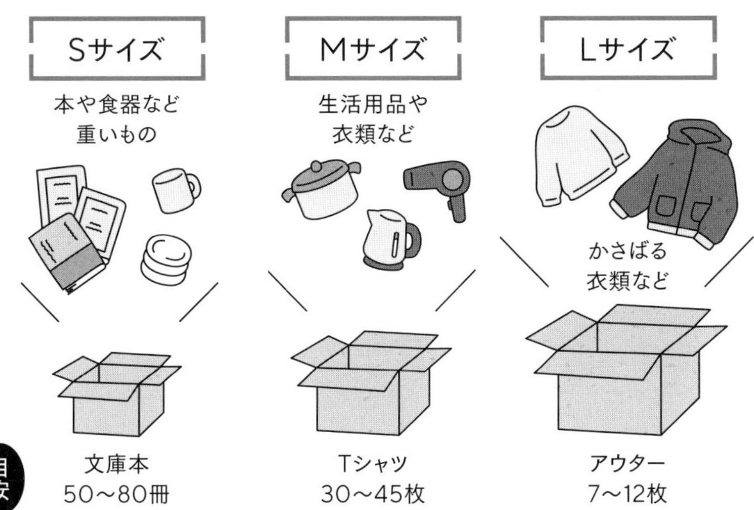

3 不用品やゴミの処分も計画的に

引っ越しは不用品を処分するいい機会です。荷造りの際に選別しましょう。「3年使っていない」などあらかじめルールを設ければ、迷うことも少なくなるはず。家具や布団など大きな不用品は、自治体の粗大ゴミ回収サービスを利用して。多くは事前予約が必要で、直近の回収は難しいことも。すっきりと新生活を迎えるために、早めに準備しておきましょう！

引っ越しで必要な手続き

ライフラインの開通に住所変更…

ひとり暮らしを始めるときは、生活に関わる様々な手続きが必要。漏れなくスムーズに進めるためにチェックリストを作りましょう。

《入居前に必要な手続き》

項 目	何をする？	必要なもの
ガス・電気・水道	引っ越し１～２週間前までに電話またはHPなどで、入居後に利用する会社・局へ開通の連絡を。	―
ネット回線	引っ越し１か月前には、電話またはHPなどでプロバイダーに連絡を。物件により回線開通工事が必要なため、すぐに使いたい場合、とくに３～４月の引っ越しシーズンは早めの確認を心がけましょう。	本人確認書類
転出届	引っ越し14日前から当日までに旧住所がある役所に提出し、「転出証明書」をもらいます。転出証明書は、転入届提出の際に必要です。同市区町村内での引っ越しなら、引っ越し後14日以内に「転居届」の提出だけでOK。	本人確認書類（各自治体によって異なるので要確認）
社会保険の住所変更	雇用主である会社に申し出を。明確な期限はありませんが、できるだけ速やかに。	－
国民健康保険の住所変更など	引っ越し先が、同市区町村内か外かで手続きが異なります。前者の場合は、引っ越し後の住所変更のみでOK。後者は、旧住所のある役所で、国民健康保険資格喪失の手続きが必要です。転出届と同時に行うのが効率的。	国民健康保険証、本人確認書類
郵便転居届	最寄りの郵便局またはポスト投函、HPから提出。旧住所宛ての郵便物を、１年間、新住所に転送してくれます。	本人確認書類

ガスは引っ越し当日に立ち合いが必要！

ガスの開栓時は、安全のために立ち合いをすることが法律で定められています。所要時間は20〜30分ほどで、申し込み時に、使用開始日（引っ越し日）と訪問希望時間帯を申請。引っ越し当日からガスを使えるように、早めに予約をとりましょう。立ち合いが難しい場合は家族や友人、大家さんなどに代理人を務めてもらうことも可能です。

《引っ越し後に必要な手続き》

項目	何をする？	必要なもの
転入届	引っ越し後14日以内に、転出証明書と一緒に新住所のある役所に提出。マイナンバーカードを持っている場合は併せて住所変更手続きを。	転出証明書、本人確認書類
国民健康保険の手続き	引っ越し後14日以内に新住所のある役所で、違う市区町村からの引越しなら加入手続きを、同じ市区町村内での引っ越しなら住所変更を行う。	転出証明書、本人確認書類
年金の住所変更	厚生年金は、雇用主である会社に申し出を。国民年金は、マイナンバーと基礎年金番号が結びついている場合は届出不要。結びついていない場合は新住所のある役所に変更届を。	−
運転免許証の住所変更	新住所を管轄する警察署や運転免許センターで行います。そのほか銀行・郵便局の口座や、クレジットカード、携帯電話などの住所変更も忘れずに行いましょう。	運転免許証、新住所を確認できる書類（健康保険証など）

《「住んでみて気がついた!」ひとり暮らし先輩からのアドバイス②》

実際に生活してみないとわからないことも数多くあります。
物件選びから暮らし方まで、先輩の失敗談から学びましょう。

判断が難しい引っ越しの挨拶

近所に引っ越しの挨拶に行ったものの、生活時間が違うのかなかなか会えず、時が経ってしまいました。友達はタオルと手紙をポスト投函したと聞き、今度はそうしてみようと思います。(R・Nさん)

退去費が10万円!?傷を防ぐ工夫を

フローリングに傷をつけたり、洗面台に物を落として割ってしまったりしたため、退去の際に敷金とは別に10万円の請求が(泣)。せめてフローリングシートを貼っておけばよかった…。(R・Yさん)

盲点だったエレベーター

前に住んでいたのがエレベーターのないマンション。2階の部屋だったので大丈夫だと思ったのですが、引っ越しが大変で…。業者によっては追加料金がかかる場合もあると聞きました。(S・Nさん)

在宅勤務を始めて壁の薄さが問題に

内見時に確認すればよかったのが壁の厚さ。隣人の生活音で仕事に全然集中できない！　管理会社に注意してもらったのですが解決せず、転居して2か月で引っ越す羽目になりました。(R・Yさん)

北向きの部屋なら洗濯物対策を

日中はあまり家にいないから気にならないかな、と思って選んだ北向きの部屋ですが、洗濯物が乾きにくい…(特に冬)。カビも気になるので、除湿機を導入しようと思っています。(N・Kさん)

意外に大切なゴミ出し時間

ゴミ出しの機会は週に数回あるので、生活時間と合わないとだんだんストレスになります。私は仕事の関係で生活リズムが夜型。朝のゴミ出しがきついので24時間OKの物件にしました。(M・Kさん)

PART 2

帰りたくなる&招きたくなるお部屋づくり

監修／
成島理紗
（おへやアレンジメント）
あすか
masato
mico

失敗のないお部屋づくりのコツ

レイアウトやテイストを決めよう

帰りたくなるお部屋をつくるために、最初に決めておきたいお部屋のレイアウトやテイスト。その考え方について詳しくご紹介。

1 レイアウトの決め方

大きな家具の配置場所をイメージ

一般的に大きな家具から配置すると失敗しにくくなります。例えばベッド→ソファ→テレビ台→テーブルなど、大型家具の設置場所を想定してみましょう。荷物のパッキングと同じで、大きいものから配置すると空間に無駄なスペースが生じにくくなります。

コンセントの場所から家電の配置場所をイメージ

物件の多くはテレビ端子やコンセントの場所が決まっていて、それを動かすことはできません。テレビ端子の位置が決まっているなら、おおよそのテレビ台の場所は決まってしまいます。そこからソファ→テーブル→チェストと家具の配置場所を想定してみましょう。

お部屋の用途をイメージして家具を配置する

室内全体を用途別に分ける方法も。例えば、下図のように「日当たりの良いバルコニー側を“ベッドスペース”に」とか「ワークスペースは配線の関係で壁側」など、用途を決めて必要な家具を配置すれば、ワンルームでもお部屋にメリハリが生まれます。

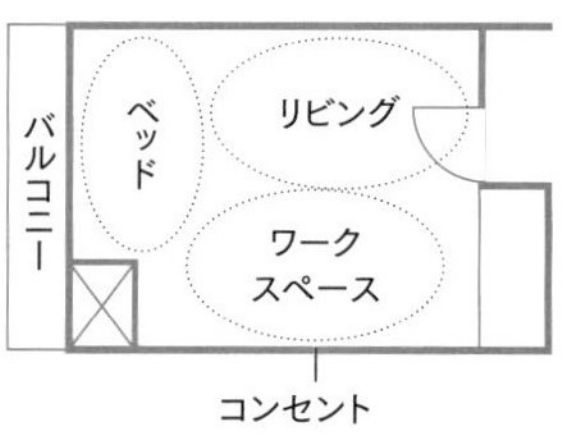

テイストの決め方

理想のお部屋のイメージは？

新たに家具や家電を購入する前に、まずは自分が住みたいお部屋のインテリアのテイストを知ることから始めましょう。おすすめはインスタやピンタレストを活用し、好きなお部屋や住みたいお部屋の画像を複数枚ピックアップすること！ 理想のお部屋のテイストやコンセプト、テーマカラー（3色まで）などを決めれば、買い物にも迷いがなくなり、統一感のあるおしゃれなお部屋に仕上がります。

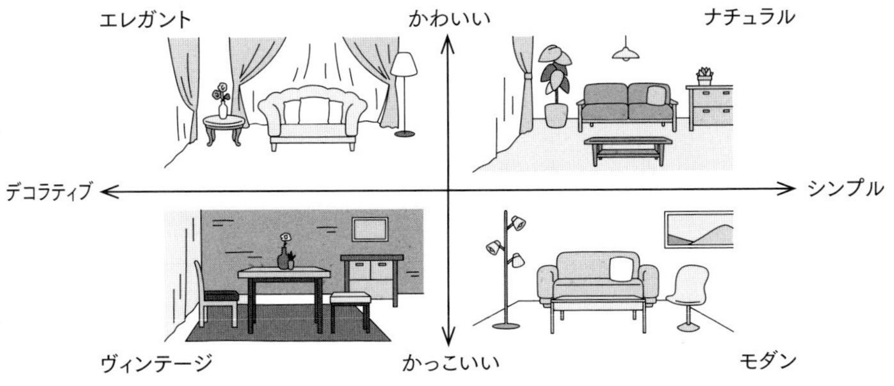

意外と抜けがちな お部屋づくりの注意点！

1 リモートワークの可能性は？

リモートワークの可能性があるなら、背景はもちろん、仕事に集中できるような場所にPCが設置できるようなレイアウトにします。

2 扉の開閉はスムーズ？

ベッドやチェストを購入・設置する前に、扉や引き出しがしっかり開閉できる配置かどうか、正確に測りながら決めましょう。

3 趣味に必要なスペースは？

例えばヨガや宅トレが趣味なら、そのスペースも考慮した配置やレイアウトになっているかも考えましょう。

失敗のない家具・小物選びのコツ

家具・小物選びのポイントは？

クッションや照明、装飾品などの小物から購入するのはＮＧ。家具やインテリアの選び方や購入のコツを事前に頭に入れておいて。

まずは大物家具から検討しよう！

インテリアショップに行くと、かわいい小物がお手頃価格で溢れているのでついつい買いたくなってしまいますが、まずは大物家具類を揃えるのが先です。お部屋のコンセプトやテーマカラーに沿ったものを選ぶことで、お部屋に統一感と落ち着きが生まれます。

大物家具の決め方のコツ

最初に必要なのはカーテンと寝具

最初に購入すべきは、防犯の観点からカーテン類と、生活ですぐに必要な寝具。カーテンと寝具はお部屋の中に占める面積も大きいので、決めたお部屋のコンセプトに合った色や素材のファブリック類を選びましょう。

家具の面と高さはなるべく揃える

家具の面（奥行き）と高さが揃わないと、家具を配置した後に部屋に無駄な凹凸ができ、部屋を狭くしてしまうだけでなく、手足をぶつけるなどのストレスに。背が高すぎる家具も圧迫感があるので低めの家具を選びます。面と高さを揃えれば配置換えも可能です。

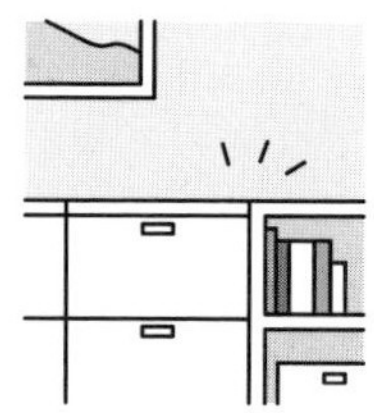

収納付きの家具を選ぶ

狭いお部屋の強い味方になってくれるのが、収納付き家具。例えば、テレビ台にもなる収納付きローボード、収納付きベッド、収納付きソファ、収納付きテーブルやスツールなどがあります。収納を兼ねた機能性家具で少しでも部屋を広く使いましょう。

扉付きで可動棚の収納を選ぶ

お部屋を広く見せるコツは「色味を抑えて統一感を出す」こと。でも本の背表紙やメイク道具など、生活にはカラフルなものが溢れています。これらをさっと片付けるために扉付きの収納を選びます。棚の高さが動かせるタイプなら、棚の中のデッドスペースも減らせます。

小物類の決め方のコツ

飾るものは数を絞る

写真や植物、オブジェにポストカードなど、小さい雑貨をあれもこれも飾りたくなりがちですが、狭いスペースなら３つ程度に。スペースいっぱいに飾るより、あえて余白を残すことでおしゃれな空間に。

正面から見て三角形に飾ると◎

棚やチェストの上に小物を並べる場合は、三角形になるようにセット。奥行きが出て、広さとすっきり感を演出できます。美しい高低差を引き出す「トライアングル」と呼ばれるこの手法は、生け花の世界でも使われます。

素材や色を合わせてまとまりを

クッションやベッドカバー、掛け布団などの素材や色を合わせることで、部屋の中に統一感が生まれます。メインカラーは３色までにまとめ、リネン類を差し色にするのも素敵です。

間接照明で部屋を広く見せる

間接照明があるとリラックス空間が生まれます。ベッドのそばに置くことで寝る前の手元灯にもなり一石二鳥。また、間接照明の光を他の壁や天井方向に当てるようにすると、陰影効果で部屋を広く見せることができます。

上級者向けポイント

機能性とオブジェを兼ねる小物

オブジェのようなライト、見せるタイプのアクセサリートレイ、収納付きティッシュボックスなど、機能性とオブジェ要素がある小物を選ぶようにすると日用品をあえて「ディスプレイ」している印象に。

ゴミ箱やタオル等、細部に配慮

例えばゴミ箱なら、中のゴミが見えにくいデザインを選べばホテルやモデルルームのような雰囲気に。タオル類も色や素材を合わせたものを揃えておくと常に統一感が保たれます。

殺風景なら観葉植物が◎

お部屋はもちろん、寂しくなりがちな玄関などは観葉植物もおすすめ。最近は人工には見えないフェイクグリーンも増え、中には空気清浄効果があるとされる光触媒加工が施されたものも。土が不要なエアープランツも◎。壁掛けタイプやスワッグタイプなど多様な飾り方を楽しめます。

ワンルームも工夫次第で快適空間

ひとり暮らしでも広々と見せるには？

家具の選び方やレイアウトはもちろん、インテリアの色や素材、視覚効果を狙った工夫でゆとりある空間は作れます。

POINT 1

目線を意識した家具の配置

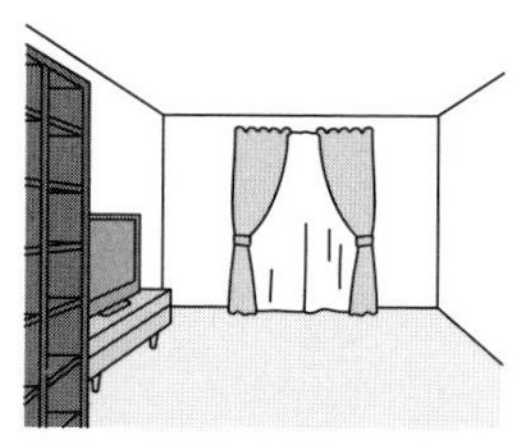

部屋に入ったとき、正面に背の高い家具があると実際より部屋が狭く見えてしまいます。部屋に入った時点での視界を広げるために、背の高い家具はなるべく部屋の手前に、部屋の奥にいくにつれて低い家具を設置しましょう。

POINT 2

なるべく背の低い家具を選ぼう

家具の数はなるべく少なめにした方が部屋を広く使えます。さらに買うなら背の低い家具を選びましょう。ロースタイルの家具なら開放感のある空間を作れます。部屋が狭いほど目線より低い高さの家具を選んだ方が無難です。

POINT

扉の付いた家具を選ぼう

高さが低めの扉付きチェストやリビングボードを選ぶことで、中身を簡単に隠せて棚上でディスプレイも楽しめます。また、中の棚は可動棚になっているものを選びましょう。高さの違う本などもスペースの無駄なく収納できます。

POINT 4

平面部分に物を置かない

テーブル、デスク、棚などの「平面部分」になるべく物を置かない、出しっぱなしにしないようにしましょう。平面に物があると視線がそこに集まり「物が多く狭い」部屋に見えてしまいます。物を厳選し、収納場所（住所）を決めましょう。

POINT

7

フォーカルポイントを作る

1か所に視線を集めると部屋が広く見える視覚効果があります。その視線が集まる場所が「フォーカルポイント」。例えばホテルの室内に飾られている絵画もフォーカルポイントです。絵画、写真、アクセントカラーの小物、観葉植物などでフォーカルポイントを作りましょう。

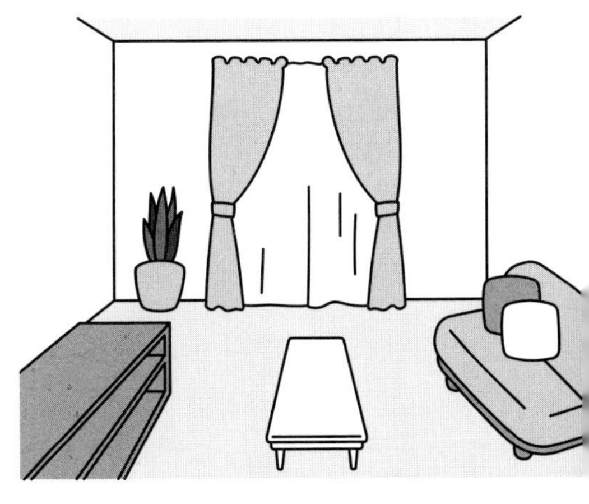

広く見える色をメインに

洋服と同じで濃い色は引き締まって見え、淡い色は広がって見えます。狭い部屋を広く見せるなら室内のメインカラーは白・ベージュ・ライトグレーなど、明るく淡いカラーをベースに統一しましょう。好きな色はクッションカバーやアートなどで差し色程度に。

コードや配線を隠す

コードだらけの状態や剥き出しの配線はそれだけで部屋を狭く見せます。何よりもごちゃごちゃした配線はほこりが溜まりやすく火災につながるなど危険です。配線が簡単に隠せるケーブルボックスなども活用し、なるべく「隠す」工夫をしましょう。

POINT

5

「鏡」も積極的に活用

鏡を置くことで、その反射によって空間を広々と見せることができます。何もない壁に鏡を設置することでその先に空間が続いているような奥行きが生まれます。オブジェを兼ねた飾り付きのミラーや軽くて割れにくいフィルムミラーがおすすめ。

床の上に物を置かない

「床に物を置かない」。これだけで部屋は広く見えます。仕事で使っている鞄など収納場所を決めにくい物が床に放置されがちですが、散らかって見えるのでNG。カゴやボックスで一時的な収納場所を作りちょい置きを防ぎましょう。

目指すはクローゼットの収納美人！

すっきり暮らす収納術①クローゼット

小さいクローゼットは収納が破綻しがち。かける、畳む、ゾーニング、ハンガー選びなど、クローゼット美人になる秘訣をご紹介。

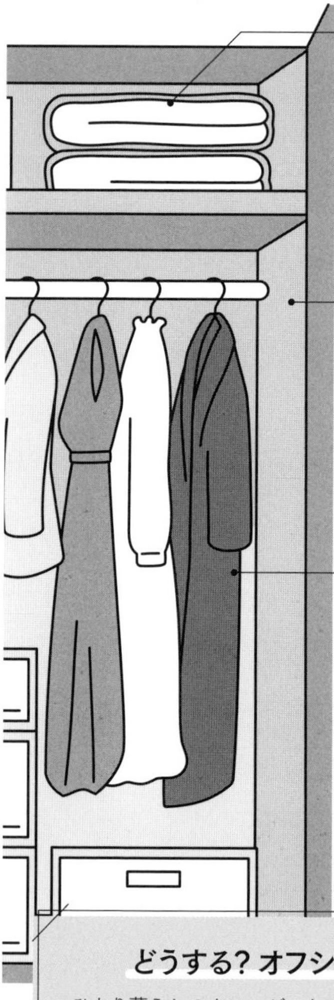

上段

使用頻度が低く軽いものを収納。季節外の寝具や水着も。ほこりがつかないように圧縮袋やふた付きボックスなども活用。

中段

ハンガーポールを活用できる中段は、使用頻度が高いもの・吊るして収納すべき衣類や丈の長い衣類を。

長さ別にかける収納

中段に吊るす服は丈の長さ別に。短いものから長いものへと順に並べると見た目・取り出しやすさが格段にアップ。

どうする？ オフシーズンの服

ひとり暮らしのクローゼットスペースは足りないことが多いので、空のスーツケースの中や、ベッドの下もフル活用しましょう。サブスクでシーズンオフの洋服や大きな荷物を預かってくれる収納サービスもおすすめです。

ポイントはクローゼットのゾーニング

ハンガーは統一すべし

ハンガーを揃えると統一感が生まれ、自然にクローゼットが整います。滑りにくく細いタイプがおすすめ。

引き出しは仕切る

収納内は、ブックエンドなど活用し立てる収納をすると、下着や衣類が倒れて埋もれなくなります。

下段

引き出し付き収納ボックスを使い畳んで収納できる下着・靴下・ハンカチ等を。スーツケース置き場としても◎。

ラベリングで見える化

ボックスや引き出しはラベルを貼ることで、洗濯後の収納や出したものを片付ける際に迷いがなくなります。

清潔と使いやすさを保ちたい

すっきり暮らす収納術②
キッチン

食材を扱うから常に清潔にしておきたい場所。料理や清掃がしやすいおしゃれキッチンなら、自炊するのも楽しくなる！

重ねられる鍋が便利

鍋やフライパンは取手が外せるもの、タッパーは重ねられるものを選ぶと小スペースでも収納がスムーズ。

シンク下もフル活用

コンロ下はフライパンや鍋、シンク下はボウルやザル、引き出しにカトラリーなどとゾーン別に動線を考えて収納。

カトラリーの数を決める

無料の割り箸やおしぼり、カトラリーや食器・カップなどは持つ数を決め、それ以上増やさないようにする。

便利グッズで狭いスペースを有効活用

3段ラックが便利

収納が足りないなら３段ラックも便利。サプリメントやお茶＆コーヒーのセットなど目的別に収納。

“吊るして見せる”はマスト

「吊るす・浮かせる収納」は掃除がしやすく、小さなキッチンにベスト。カウンターには何も置かないように。

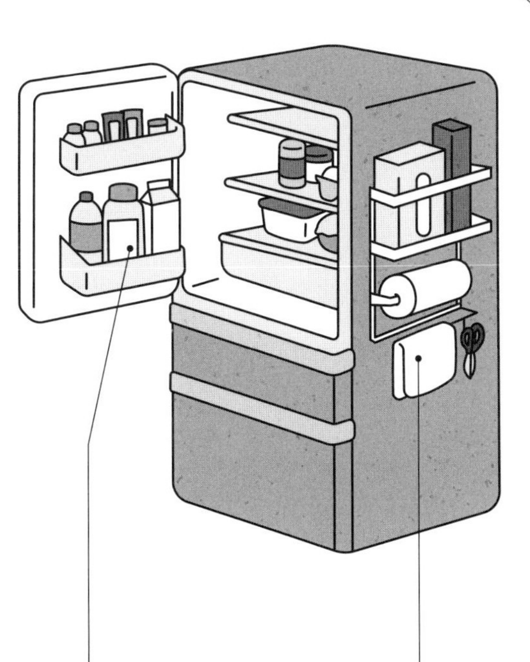

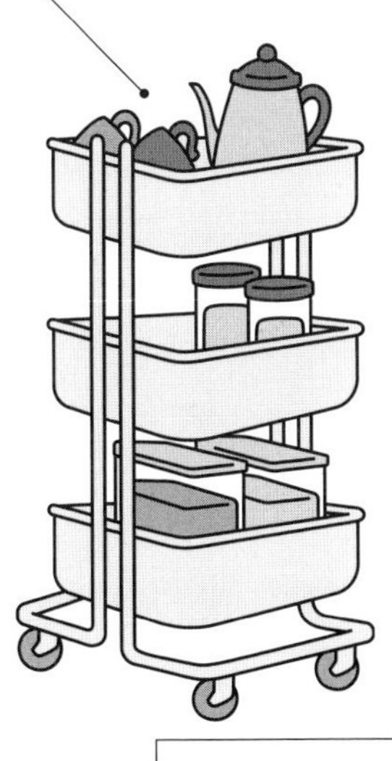

冷蔵庫内も収納として利用

調味料などうまく収納できないアイテムは、冷蔵庫内に立てて収納し、見えるようにするのがおすすめ。

マグネットもフル活用

冷蔵庫の側面などマグネットのつく場所があればフル活用！ 吊るす収納を極めて。

開き扉の内側やコの字ラック

扉の内側もラックをつけてフル活用！ シンク下にデットスペースを作らないようにコの字ラックも◎。

工夫次第でホテルライクに整う

すっきり暮らす収納術③ 水回り&リビング

水回りは「浮かせる」、リビングは「隠す」か「あえて見せる」を意識すると、狭い空間もすっきりした理想的なお部屋に。

水回りは「浮かせる」収納がベスト

シャンプーなどはバーに吊るす

水回りに物を置くと底がぬめり、掃除もしにくくなるので「浮かせる」収納を。浴室内のタオルバーもボトル類を吊るしてフル活用！

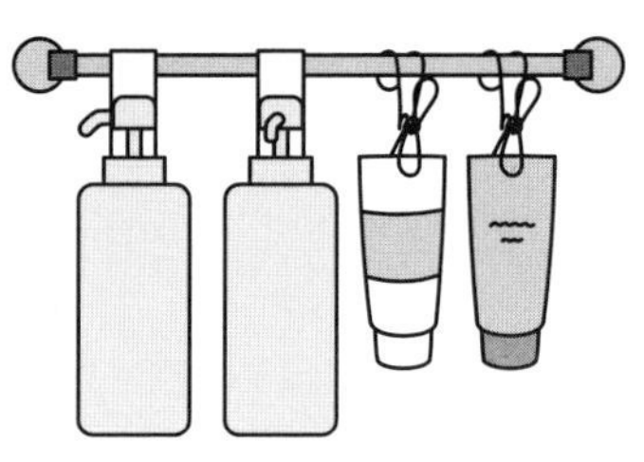

ドライヤーやヘアアイロンは扉の内側にかける

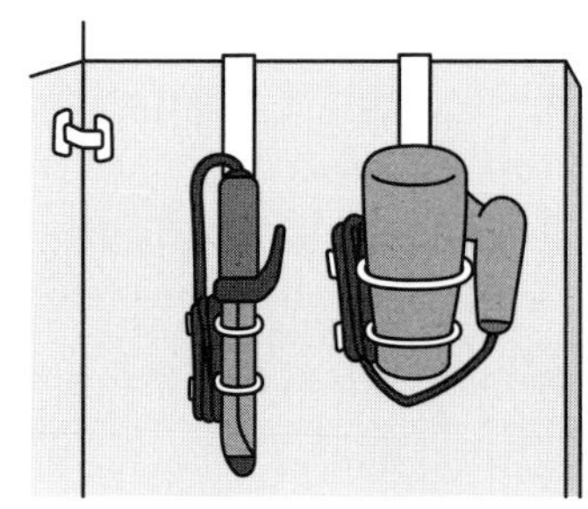

洗面台下収納は「水回りセット」など収納ボックスでカテゴリー分けを。ドライヤーもフックで吊るして使いやすく。

洗面台だって浮かせる収納に!

100円ショップで購入できるフィルムフックを洗面台に貼れば、歯ブラシやコップなどの細々した物を吊るせる。

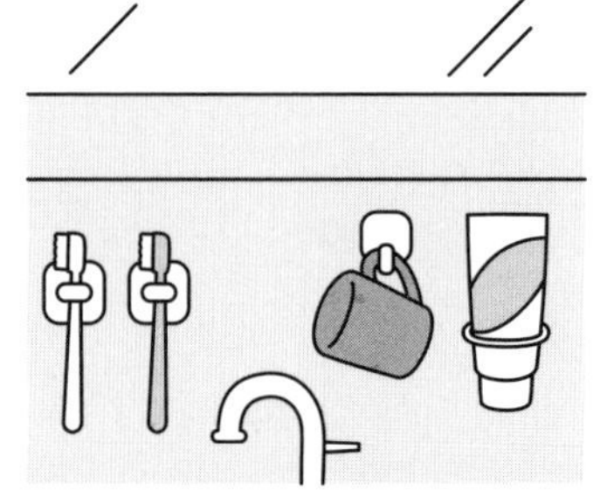

リビングは「隠す」か「あえて見せる」のメリハリを

テーブルの上は基本置かない

テーブルの上は物が集まりやすい場所。出しておく方が便利なティッシュはケースに入れ替え、リモコンは定位置を決めて死守。

メイク道具はまとめてカゴに

メイク道具はカゴにまとめてテーブル下へ。バッグもカゴに必ず入れるなどして、出しっぱなしにせずソファやテーブル下に格納。

厳選した物を定位置に戻す習慣を
快適に暮らすための片付けルーティン

水回りやリビングテーブルは、外出前と就寝前に5分以内で片付くような仕組みづくりを。帰りたくなるお部屋づくりの基本です。

ROUTINE
1
マグネット収納を極めよう!

冷蔵庫の側面・ウォーターサーバー・玄関扉・ユニットバスの壁面等にはマグネット収納を。穴を開けずに手軽に収納を増やせます。

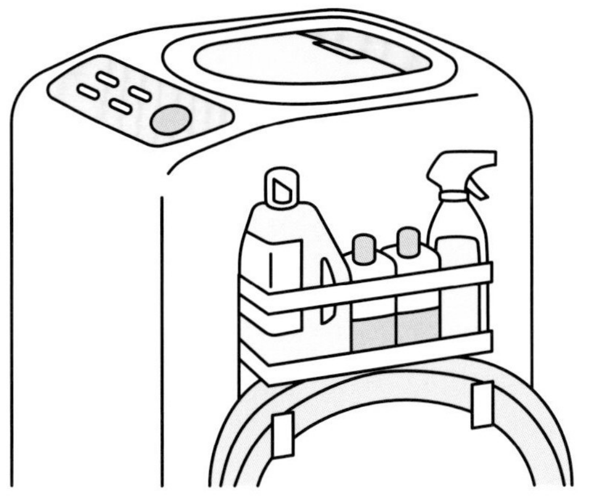

ROUTINE
2
扉に吊るして見せる収納

帽子フック・ドアフックを使い、扉に吊るして見せる方法も。玄関もマグネットフックを付けるとエコバッグや傘を掛けられます。

ROUTINE 3

突っ張り棒も上手に活用

収納が少ない賃貸物件は突っ張り棒や壁掛け収納などのアイテムを活用して収納を増やす工夫を（管理会社に確認しておくと安心）。

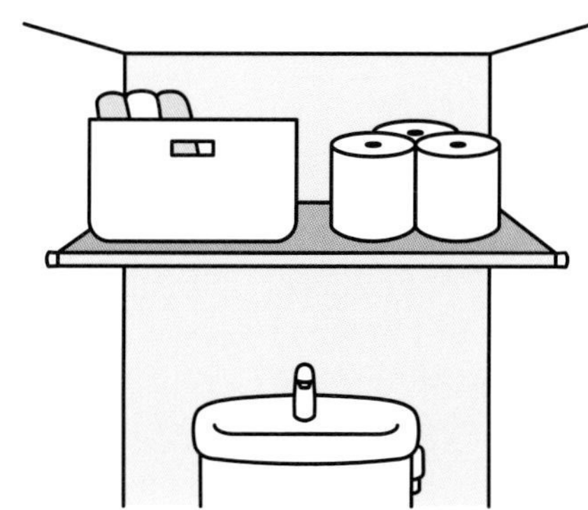

ROUTINE 4

書類は量を決めてボックスへ

DMや書類は目を通したらすぐに破棄。未処理分や重要書類のみファイルボックスに収納し、テーブルの上には置かないようにして。

ROUTINE 5

推しグッズも増やしすぎない

増えやすい推しグッズは所有する量の上限を先に決め、増やしすぎないように注意。定位置を決めて「見せる」と「しまう」管理を。

ROUTINE 6

朝晩5分の片付けをルーティンに

外出前と就寝前に、水回りとテーブルだけは5分で整えることを習慣に。起床すぐ、帰宅直後から癒やされるお部屋で過ごせます。

先輩に聞く、
お部屋づくりの
コツ
1

まるでホテル！ ミニマルなホワイトインテリア

お部屋づくりで大切にしていることは？

RULE 1
最小限の家具でくつろげる部屋に
ホテルの部屋は、限られた設備でも人がくつろげるように考え抜かれた空間。それをお手本に、私も家具は最小限にとどめています。

RULE 2
掃除の手間を減らすためにひと工夫
床に物を置かない、ほこりが溜まりやすいオープンな収納を使わないなど、極力掃除の手間がかからないようにしています。

RULE 3
部屋の“余白”を大事にする
空間に余裕があっても、あえて置かない選択を。私は何もない壁面を作って、そこにプロジェクターの映像を映して楽しんでいます。

RULE 4
白を基調にインテリアの色数を絞る
色味を統一すると、簡単におしゃれ感を出せます。我が家は基本白で、シルバーやライトグレー、クリア素材のものをアクセントに。

RULE 5
愛着の持てるものだけを厳選して置く
ちょっと気に入った程度で買っていたら際限がないので、隅から隅まで愛情を持って語れるものしか持たないようにしています。

Profile
あすかさん
不要なものをなるべく減らし、お気に入りのものに囲まれた暮らしを提案する「ゆるミニマリスト」として、インスタグラムを中心に各種SNSで発信。総フォロワー約40万人(24年1月時点)。

床も壁もインテリアも真っ白！まるで海外のような洗練された部屋で暮らすあすかさん。
学生時代にひとり暮らしを始め、今の部屋で4軒目。1軒目の頃はインテリアに興味がなく、おうちへのこだわりもなかったそう。
就職し、初めて自分で借りた2軒目の部屋で暮らしを見直したあすかさん。余分なものは処分し、お気に入りのものに囲まれた「自分の城」を作ることに目覚め、「ゆるミニマリスト」としてインスタグラムで発信も始めました。

物件情報
東京都内の1LDKのマンション

物件選びのポイント
- 都心へのアクセス
- 災害リスク
- 部屋の開放感
- 部屋の色味（白が基調）

あすかさんの暮らしの美学が
詰まった3軒目の部屋。

4軒目で1LDKの部屋に引っ越し、ますますすっきりとした暮らしに。

その後も引っ越すたびに、自分の理想を叶える部屋づくりをしてきたあすかさん。意識しているのは部屋の「余白」だと言います。

確かにあすかさんの最新の部屋を見ると、置いてあるものはベッドとダイニングテーブル、チェア、全身鏡くらい。全体の色味が白で統一されていることも相まって、とても広々と感じます。

「たくさん物があっても、カラフルでもかわいい部屋は作れると思いますが、高度なセンスが必要ですよね。それよりもセンスのないものを減らす方が簡単なので、物も色数も最小限にする今のスタイルになりました」

あすかさんの理想はホテルの部屋。「余計なものがなくて、必要なものだけ揃っているホテルの部屋

あすかさん流 情報収集術

- 家具の商品名のハッシュタグから使用例をチェック
- 外国のインテリアを見たいときは現地語で検索
- ホテルのインテリアを見てセンスを磨く

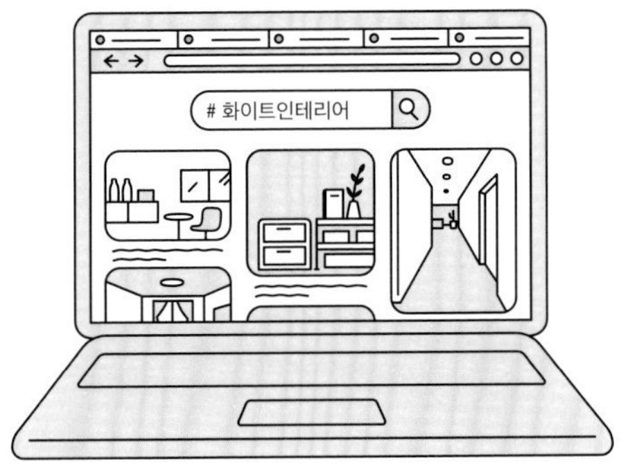

韓国のホワイトインテリアが好き。「#화이트인테리어（ホワイトインテリア）」で検索すると韓国の部屋がたくさん見られます。

家具選びのコツ

- ネットでたくさんの家具を比較検討
- サイズ、レビューをしっかりチェック
- 間取り図作成アプリでシミュレーション

脚のデザインが特徴的な韓国インテリア風カフェテーブルとカリガラスのチェアも、ネットショップで探し出したお気に入り。

が落ち着くんです。ものが少ないと掃除の手間も減らせます」

ただ、あすかさんはやみくもにものを減らせばいいと考えているわけではないとも言います。

「何もなさすぎて暮らすのが楽しくなくなったら意味がないですよね。私は自分の美的感覚も大切にしたいから〝ゆる〟ミニマリストを提唱しています。その代わり本当に気に入ったものや収納に入る量だけを買うようにしています」

大切なのは理想の暮らしを叶えるために必要なものと、快適さをキープできる量を見極めること。

「人によって理想は違うので、自分がどう暮らしたいかを考えるといいと思います。かわいいだけでなく、心地よく暮らせるかというのも部屋の大事なポイントです」

きれいなお部屋をキープする秘訣は?

RULE
3
季節ごとに
物を見直し、
不用品は処分

RULE
2
買うものは厳選。
買ったら持っている
ものを手放す

RULE
1
物はすべて
置き場所を決め、
使い終えたら戻す

買い物のポイント

- 「なくてもいいもの」は
  買わない!
- 色味が部屋になじむ
  ものだけを選ぶ
- 機能性とデザインを
  兼ね備えたものを選ぶ

お気に入りのIKEAの「ヘムネスデイベッド」はかわいいだけでなく、下部が引き出し収納になっていて機能面でも優秀!

すっきり暮らすコツ

- なるべく備え付けの収納に
  収める
- 見せる収納より
  見せない収納を選択
- ストックを持たない。
  必要なときに買う

ストックは持たなくても暮らせますが、防災グッズは必需品。シューズクローゼットに持ち出し用のリュックを入れています。

あすかさん流 インテリアを楽しむアイディア

せっかくのひとり暮らしなのに、
愛着が湧かない部屋に住んでいるのは
もったいない！ 私が試してみて
よかったことをシェアします。

プロジェクターで映像もインテリアに

ひとり暮らしで買ってよかったもののひとつがプロジェクター。テレビよりも場所を取らないうえ、映像を壁に投影している光景も絵になり、おしゃれな空間を演出できます。

はがせるシートで印象をチェンジ

はがせるフロアシートや壁紙は原状回復しやすく安価なので、ひとり暮らしの人でもトライしやすいDIY。予算に余裕があるなら丈夫でデザイン性の高いフロアタイルがおすすめ。

時々写真に撮ることで客観視する

インスタグラムで発信していることもあり、部屋の写真を撮ることが多いのですが、それを見ると「思ったより散らかってるな」などと、客観的にジャッジすることができます。

壁掛け収納でデッドスペースを活用

トイレなど狭い場所でも設置できるので、空間を有効に使えます。ホチキスやピンで固定するタイプなら壁に目立つ傷をつけずに済みますが、賃貸借契約書を確認して判断を。

先輩に聞く、
お部屋づくりのコツ
2

木のぬくもりや陽射しを楽しむナチュラルインテリア

Profile
masatoさん
1Kでのひとり暮らしの様子をインスタグラムで発信。ナチュラルなインテリアや、さまざまな角度から部屋の魅力を伝える投稿が人気。趣味は旅行、カメラ、音楽。

ナチュラルな風合いの家具やグリーンが点在し、明るい陽差しが降り注ぐmasatoさんの部屋。8畳と聞いて驚くほどゆったりとした空間が広がります。

「東向きのこの家に引っ越してから、すっかり朝型になりました」とmasatoさん。インスタグラムで発信するインテリアが多くの人の注目を集めていますが、「好きなものを集めたらこういう部屋になっただけなんです」と笑います。ただ、masatoさんがすごいのは「好き」を形にする行動力。

お部屋づくりで大切にしていることは？

RULE 1
どこから見ても好きと思える場所にする
ソファに座っているときも、ベッドに座っているときも。360度どこから見ても落ち着く場所になるようにレイアウトを工夫しています。

RULE 2
「おしゃれ」は合わせ技で決まる
おしゃれな家具もただ置くだけではかっこよくなりません。横に植物やライトなどを組み合わせて演出することで魅力が出せます。

RULE 3
素材の風合いを楽しむ
塗装された家具は置かず、木、コンクリート、ラタンなど素材感のあるインテリアで揃えています。特に無垢材の風合いが好きです。

RULE 4
部屋に置く家具の数を絞る
家具を増やすとレイアウトの自由度が下がり、動線の妨げになるので、置くものは厳選。サイズも小さめのものを選びます。

RULE 5
いろいろな部屋を見て「好き」を育てる
今はSNSで多様な部屋を覗ける時代。そこから勉強して自分の部屋で試すことを繰り返すうちに自分の好みも見えてきます。

物件情報
東京都内のロフト付き1Kのマンション

物件選びのポイント
- 日当たり
- 天井の高さ
- 備え付け収納がないこと（レイアウトの制約が少ない）

今の部屋も、入居日に床にフロアタイルを敷いたのを皮切りに、コンクリート風の壁紙を張る、壁の一部を黒板にするなどのＤＩＹを重ね、自分好みのテイストに近づけていったのだと言います。

そのこだわりは家具選びにも。特に重視しているのはサイズ感で、空間を広く使うためにコンパクトでロータイプの家具をセレクト。どうしても部屋のサイズに合った家具が見つからないときはＤＩＹで作ることも。ショップでソファを買うときは実際に座り、視線の高さを確認したそう。

「数㎝高さが違うだけでも視界が変わる。座ったときの重心が低いほど、部屋も広く見えます」。

部屋の視界を意識して、masatoさんが繰り返し行っているの

模様替えでどんなふうにお部屋が変わる?

照明の配置も調節

「チル」をテーマにリラックス感のある配置。ソファ上のペンダントライトのほか、窓際やベッド脇にもライトを置いて奥行き感を演出。

ベッドを窓際に移動

東向きの窓にベッドを寄せ、降り注ぐ朝日を浴びて目覚めるセッティングに。ただ、ブラインドのため冬はめちゃくちゃ寒かった…。

ソファで日向ぼっこ

3月に入り暖かくなってきたので窓のそばにソファを設置。家に居ながらにして日光浴ができるお気に入りの配置。植物も窓側に移動。

存在感のあるグリーンを投入

最近の配置。高さ2m越えのエバーフレッシュをお迎え。和紙のペンダントライトをベッド上に吊るしたら部屋がやわらかい印象に。

が、模様替え。インスタグラムでその変化を追うと、配置が変わるだけでこんなにも部屋の印象が変化するのかと驚かされます。

「最初に完成形を作ってもつまらない気がして。僕は試すことが一番楽しいんです。暮らしてみて違和感が生じたらまた変えればいいだけですから」

　なお、模様替えするうえでも、部屋のゆったり感をキープするうえでも大切なのは「不要なものは持たないこと」とmasatoさん。

「コレクションアイテムはあってもいいと思うんですが、ただなんとなくあるものは見直したくて。例えばゴミはキッチンにまとめることにして、部屋にゴミ箱を置くのはやめました。時計もスマホを見ればいいので置いていません」

きれいなお部屋をキープする秘訣は？

RULE
1
物は極力
持たず、定期的に
処分する

RULE
2
週2の掃除に加え、
3か月に1回は
大掃除をする

RULE
3
SNSに投稿したり
人を招いたり
「人目」を意識する

買い物のポイント

- ショップに通うなど、選ぶ手間を省かない
- 家具を買うときはサイズ感をしっかり確認
- ひとめぼれするくらい気に入ったものを買う

お気に入りのベッドサイドテーブルは、祖父が40年前に製作したもの。祖父が亡くなったときに引き取って大切に使っています。

すっきり暮らすコツ

- 物は今ある収納家具に入る分だけ
- 同じアイテムを複数持たずひとつに絞る
- 洗剤などはシンプルなボトルに詰め替え

あまり見なかったテレビを手放し、ひとめぼれしたラタンのチェアを買いました。ここから見える室内の風景が一番好きです。

masatoさん流 インテリアを楽しむアイディア

どんなインテリアがいいか
わからないなら、最初はまねから入っても。
ライフスタイルが近い人の
部屋を見るのが近道だと思います。

照明は真ん中よりも端っこに

照明は室内の真ん中より端に置く方が、部屋が広く見えます。また、壁に光が当たるのでやわらかい雰囲気に。いろいろな大きさや形の照明を組み合わせるのもおしゃれ。

ブロック＋板で簡単DIYにトライ

ブロックの上に好みの板を置くだけで、飾り棚やローテーブルが完成。ドリルなどの工具を使わず、ブロックも100円ショップで買えるので気軽に作れます。拡張や解体も簡単。

枝ものや観葉植物で自然を取り入れる

ドウダンツツジなどの大ぶりな枝ものを飾ったり、部屋のあちこちに観葉植物を置いたり。グリーンがあると家にいながらにして自然を感じられ、育てる楽しみも生まれます。

ラグで部屋の表情に変化をつける

床は面積が大きく、インテリアの印象を決める大きな要素。ラグを置くことで視覚的に変化をつけられるほか、空間を区切る役割も。季節によって素材を変えるのもあり。

先輩に聞く、
お部屋づくりのコツ

3

大切なものが多すぎる人のための収納テクニック

整理・収納はどうやって進める？

RULE 1

部屋中に散乱しているものを集める

買ったら満足して適当な場所に置く。それを繰り返していると部屋中ものだらけに。まとめるだけでもすっきり見えます。

RULE 2

数を数える、サイズを測る

自分の持っているものの数や大きさを正確に把握すると、どのくらいのサイズの収納グッズがいくつ必要か、計算できます。

RULE 3

これから増えるものの量を予測する

推し活や趣味が続く限りものは増えます。この先1～2年で増えそうな分を収納するグッズやスペースも用意しておきましょう。

RULE 4

適切な収納グッズを用意する

ものがぴったり入るかにこだわると、収納の種類が増えて雑然とするので、ある程度のサイズに対応できる少し大きめの収納を用意。

RULE 5

しまう場所を決めて、そこに戻すことを徹底

収納グッズとその置き場所が決まったらものを入れ、「出したらしまう」を習慣に。収納グッズがいっぱいになったら同じものを購入。

ものが少ない方がすっきり暮らせるのはわかるけど、推し活グッズや趣味のアイテムなど大事なものはやっぱり捨てられない！

そんな人に向け、グッズの収納方法を発信しているmicoさんは「ものを減らせなくても、しまい方を工夫するだけでも部屋が整って見えますよ」と言います。「飾るものとしまうものを分け、ざっくりとでも整理・収納する習慣が身につけば部屋は変わります。それは大切なグッズをきれいに保管することでもあるんです」

micoさん

登録者数6.7万人（24年1月現在）推し活応援YouTubeチャンネル「mico's journal」運営。推しのいる日常のためのグッズ収納方法や推し活情報を発信中。

すっきりしまっておしゃれに飾る 夢の推し活部屋

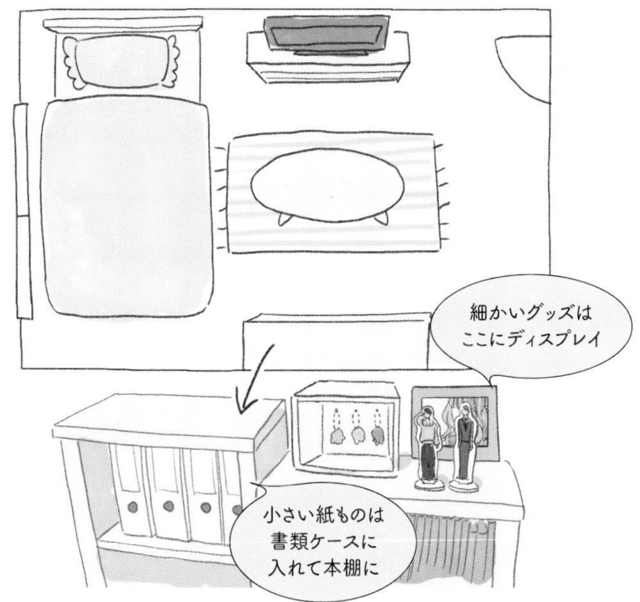

micoさんおすすめの収納家具&グッズ

扉付きキャビネット

雑誌や本の背表紙を並べるとデザインのばらつきが目立つので、扉で隠す方がすっきり！

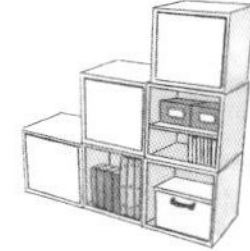

キューブボックス

積み重ねたり、並べたりレイアウト自在。ものが増えたらボックス自体を増やせばOK。

書類ケース

3～4cmの厚みがあるケースで、本棚などに立てて収納可能。紙ものや細々したものの収納に。

突っ張りラック

飾り棚にぴったり。狭いスペースでも設置でき、天井までの空間を有効活用できます。

収納ボックス

書類ケースに入らない大きめのグッズ用に。積み重ねられるふた付きor引き出しが便利。

CDファイル

意外にかさばるのがCDやDVDのプラケース。ケースだけでも処分すれば省スペースに。

ごちゃごちゃしない飾り方のルールは？

RULE
1
飾るものは
厳選して数を絞る

RULE
2
飾る場所を決める。
あふれたらしまう

RULE
3
ほこりまみれに
ならないようにカバー

推し活グッズをおしゃれに飾るアイディア

アクスタ

そのまま飾るとほこりを吸着するので、市販のアクスタ用のフレームに入れましょう。別売りの飾り用パーツを入れるのも◎。

ぬいぐるみ

100円ショップにも売っている透明のバッグにIN。倒れやすいぬいぐるみも飾りやすくなり、ほこりも防げます。ただし詰め込みすぎはNG。

ポスター

壁に直接貼るよりもフレームに入れる方が劣化防止に。ポスターよりもひと回り大きめのフレームだと余白ができておしゃれに見えます。

写真、クリアファイル

市販の写真用フレームに入れて飾るのが簡単。クリアファイルも100円ショップなどの専用フレームで簡単に飾ることができます。

教えて! 推し活収納お悩み相談室

Q グッズを買うのは楽しいけど、収納がとにかく面倒です…

A 収納することがグッズの劣化防止にもつながります

例えば写真は熱に弱いので、重ねたまま高温多湿の場所に置いておくとくっついてしまいます。ほかのグッズもただ置いておけばほこりにまみれ、色があせ、壊れることも。後悔しないためにも、買ったら放置せずに収納する習慣を身につけていきましょう。

Q 几帳面な性格ではないので、収納が長続きしません

A 完璧を目指さず、簡単で継続できるやり方がおすすめです

「整理整頓して隙間なくぴっちり収納する」など、最初からハードルを上げすぎると結局続かなくなります。少し大きめの収納ボックスなどを用意して、とりあえずそこに入れるだけでも部屋はすっきりするはず。収納よりも推し活にエネルギーを注ぎましょう!

Q グッズがたまってきたので、本格的に整理したいのですが

A ファイリングすると、コレクションが見返しやすくなります

ポストカード、写真、缶バッジなど、同じ種類のグッズがたくさんあるなら、収納ファイルと、グッズのサイズに合わせたレフィルを用意してしまっていけば、よりきれいに保管できます。ラベルを貼ったりと、工夫次第でさらに見返しやすくなります。

Q CDやグッズが増える一方。断捨離した方がよいでしょうか?

A 処分は最終手段。その前にケースを捨てましょう

推し活や趣味関連のものはコレクション要素が強いので、簡単には捨てられないはず。まずは体積を減らす工夫をしましょう。例えばCDはプラケースを捨ててCDファイルに収納するだけで体積が1/5になります。グッズのパッケージも折り畳むとかさが減ります。

COLUMN

整理収納アドバイザーが教える 収納スペースを増やす便利グッズ

コの字ラック

シンク下、クローゼット、食器棚、靴箱など棚板が足りていないスペースに活用可能。

キャスター付きの収納ワゴン

リビングやキッチンなど、収納が足りない場所におすすめ。最近は、かごの高さを変えられる3段ワゴンも出ています。

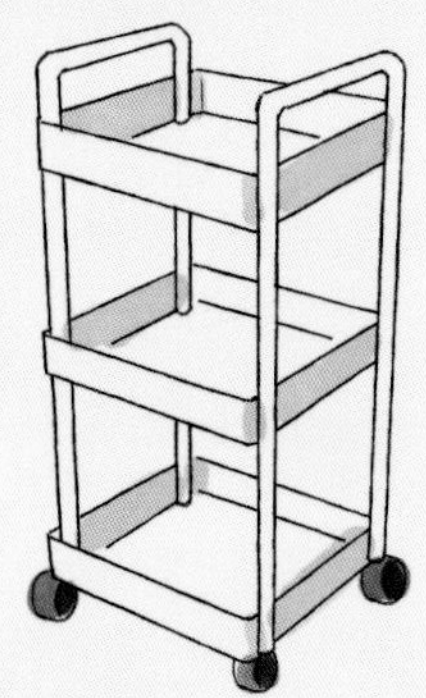

収納で注意しておきたいポイント

1年以上使っていない物をしまい込むのはNG

1年以上使っていない物は、今後も使わない可能性大。しまい込むのではなく、手放すことも考えましょう。

先に収納グッズを買うのはNG

収納グッズを先に購入するのではなく、まず入れる物をしっかりと把握しましょう。把握せずに収納グッズを買うと、物を入れようとしたときに収まらなかったり、デッドスペースが生じたりすることも。

ひとり暮らしに向かないグッズ

深さのある引き出し収納

奥の物が取りにくいうえ、奥行きのあるスペースが少ないひとり暮らしには不向き。

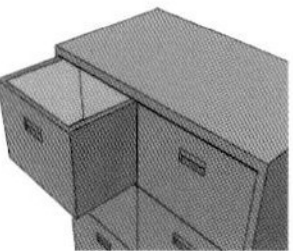

前開きのボックス

奥行きがあるうえ、奥や下のものが埋もれて使いにくい。

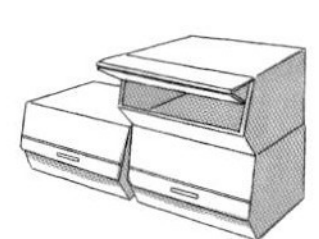

PART ▼ 3

最低限これだけ知っておきたい家事入門・掃除&洗濯編

監修/みな

これだけは揃えよう！

基本の掃除道具

便利な道具はたくさんありますが使いこなせないと無駄なことに。最初は最低限のものを揃えて必要に応じて買い足しましょう。

入居時に揃えておきたい 掃除道具

トイレシートクリーナー

便器から床までトイレの掃除に幅広く使えます。掃除が終わったら捨てられるのも便利。

シート単独で拭き掃除にも使えます

ドライシートとウェットシート

フローリングワイパーに装着して使用。乾拭きはドライ、水拭きはウェットと使い分けて。

フローリングワイパー

日々発生するほこりや髪の毛などを吸着。電気いらず＆軽量なので、気軽に掃除できます。

汚れたらモップ部分を取り替えられる使い捨てタイプが手軽。柄が伸縮するモップを選べば、高い場所の掃除も簡単

ふきん

キッチン掃除にあると便利なのがふきん。汚れてすぐならさっと拭くだけでも落ちます。

スポンジ

キッチン用とお風呂用を用意。用途によって素材や硬さが違うので目的に合ったものを。

ゴム手袋

手肌に刺激の強い塩素系漂白剤やアルカリ性の洗剤（P.72、73）を使うときには装着を。

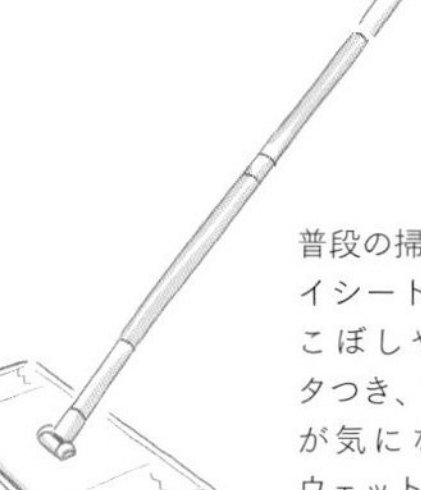

普段の掃除はドライシートで。食べこぼしや床のベタつき、ザラつきが気になったらウェットシートを使いましょう

ハンディモップ

ちりやほこりを吸着する素材のモップがついている道具。家具や家電の掃除に活躍。

《いずれ買い足したい掃除道具》

ほうき&ちりとり

玄関＆ベランダ掃除に使用。ほうきもちりとりも長い柄のタイプなら腰をかがめずに掃除できます。

ミニサイズのフローリングワイパー

奥まで手が届きにくいトイレの床掃除に。トイレに常備しておけばさっと掃除できます。

コードレス掃除機

キッチンやリビングなど家の掃除に。軽量でかさばらないコードレスタイプがおすすめ。

マイクロファイバー雑巾

落ちにくい汚れには、ゴミやちりの吸着性に優れたマイクロファイバー素材の雑巾がおすすめ。

掃除用ヘラ

サッシや溝、隅など細かい箇所の掃除にあると便利。100円ショップでも入手できます。

お風呂の床用ブラシ

スポンジだけだと掃除しきれず黒ずんできたら、汚れをかき出してくれるブラシを導入。

掃除用ヘラは隙間に溜まった汚れやこびりつきの掃除などにも活躍。力を入れすぎると傷をつけてしまう恐れがあるので注意

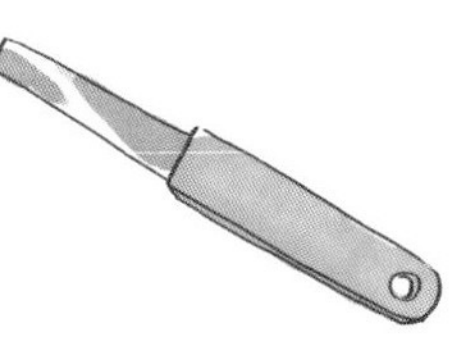

お風呂の床には握りやすい持ち手付きのブラシが◎。床が凸凹素材なら、毛足が細かいタイプがおすすめ

《日用品も掃除に活用!》

ウェットティッシュ

薄手なのでサッシなど細かな場所の掃除に便利。アルコール配合なら軽い油汚れにも対応。

キッチンペーパー

汚れを軽く拭き取るときに、ふきんよりも手軽に使えます。使い捨てできるのも便利。

古いタオル

捨てる前に雑巾として活用を。小さいペーパーだと拭き取りきれないときに役立ちます。

古い歯ブラシ

サッシや蛇口など細かな部分の掃除やこすり洗いに活躍。1本取っておきましょう。

小さい歯ブラシなら複雑な形状の部品や隙間、角にもフィットし、汚れをかき出せます

時短＆効率のよい
掃除の進め方

掃除にかける時間や手間はなるべく減らしたいもの。効率よく、ラクしてきれいにするコツをご紹介します。

《ラクする掃除 3つのルール》

1 汚れが固まる前に落とす

コンロに飛び散った油汚れやお風呂場の水垢、皮脂汚れなどは、時間が経てば経つほど落ちにくくなり、掃除が大変に。放置して苦労するよりこまめに落とす方が効率的です。

2 汚れに合った洗剤を使う

汚れは種類によって酸性、中性、アルカリ性の性質を持っています。酸性の汚れにはアルカリ性の洗剤というように反対の性質の洗剤を使うと、無理なく簡単に汚れが落ちます。

3 掃除をルーティンにする

こまめに掃除するためには習慣化することが大切。お皿洗いのついでにシンクも洗う、お風呂に入ったらついでに掃除する…etc.「ついでに」やってしまえばおっくうになりません。

《洗剤を選ぶときは「液性」をチェック》

酸性や
アルカリ性などの
情報は、洗剤のラベルの
「液性」の項目に
記載されています

酸性洗剤

お風呂の水垢など、アルカリ性の汚れに適した洗剤。塩素系漂白剤と混ぜると塩素ガスが発生して危険なので同時に使用しないこと。

中性洗剤

手肌にやさしく、材質への影響が少ないので、あらゆる場所の掃除に使える洗剤。洗浄力はおだやかなので、軽い汚れの掃除向き。

アルカリ性洗剤

キッチンの油汚れやリビングの皮脂汚れなど、酸性の汚れに適した洗剤。洗浄力が高く手肌への刺激が強いので使用時は手袋の着用を。

これだけは揃えよう！基本の掃除用洗剤

おうちで発生する汚れに合った洗剤を選べば効率アップ！力を入れてこすらなくてもきれいになります。

家のあちこちで使える洗剤

塩素系漂白剤

除菌力、漂白力が高く、カビやぬめり除去に効果的。スプレータイプが◎。匂いや刺激が強いので、使用時は換気して手袋の着用を。

住宅用中性洗剤

食べこぼしや手垢、皮脂汚れから軽い油汚れまで幅広く対応。二度拭きが不要なものやスプレータイプの洗剤が使いやすいのでおすすめ。

クエン酸※

水垢などアルカリ性の汚れ落としに。消臭や除菌効果もあり。水に溶かしてつけ置き洗いなどに使える粉末タイプが便利です。

※酸性なので塩素系漂白剤との併用は厳禁。

アルカリ電解水

油汚れや皮脂汚れなど酸性の汚れに強く、除菌も可能。洗剤成分が残らないので二度拭きの手間がなく、時短になります。

スプレータイプの洗剤は汚れに直接吹き付けられるのが便利。レンジフードのように高い位置だと洗剤がたれるので、いったんふきんなどに吹き付けてから拭いて

場所や汚れに特化した洗剤

トイレ用ジェル洗浄剤

洗剤の粘度が高く、便器のふち裏〜内部の汚れに密着し、効果的に洗浄できます。こすらずに済むブラシ不要タイプがおすすめ。

お風呂用中性洗剤

湯垢や石鹸カスなどお風呂で発生する軽めの汚れに適した洗剤。中性タイプなら手肌や浴槽などの材質も傷めにくいので安心。

どのくらいの頻度で掃除する？
掃除は小・中・大に分ける

こまめに落とした方がいい汚れと、多少放置してもＯＫな汚れ。汚れの種類を見極めることで適切な頻度で掃除できます。

汚れを落とすタイミング別に掃除を分類

汚れが頑固になる前に落とす！ ＞ **小掃除**

毎日～週に１回

すぐに落としておくべき汚れを取る掃除。汚れが固まる前に落とすので、時間や手間もかからず、５～10分程度でできます。

ex. コンロまわりやシンクの掃除、お風呂の掃除、リビングのほこり取り

おうちの「きれい」をキープする ＞ **中掃除**

月に１回～半年に１回

小掃除だと手の届かない場所を定期的に、少しだけ念入りにきれいにする掃除。中掃除をすることでおうちを快適に保てます。

ex. エアコンのフィルターの掃除、玄関やベランダの掃除

年に一度なら頑張れる！ ＞ **大掃除**

１年に１回

1年間ため込んだ汚れや、普段は手の回らない場所をきれいにする掃除。少し時間をかけてピカピカにすれば気分もすっきり。

ex. 冷蔵庫の掃除

COLUMN

汚れる前が肝心！
入居前にこれをやっておこう！

最近は汚れを防ぐグッズや、掃除を助ける便利な製品がたくさんあります。引っ越しのタイミングで導入しておけば、入居後の掃除が断然ラクになります。

□ 床拭きをする

クリーニング済みの物件でも床にほこりがたまっていることも。荷物を運び込む前にフローリングワイパーにドライシート、ウェットシートの順に装着して拭き掃除しましょう。

□ 冷蔵庫マットを敷く

マットには床を傷や腐食から守る効果が。撥水性のある素材のものを選べば、水などをこぼしたときも簡単に掃除できます。冷蔵庫のサイズに合ったものを選ぶようにしましょう。

□ 洗濯機台を置く

洗濯機を床に直に置くと脚の滑り止めゴムによってクッションフロアが変色することも。洗濯機の下に台を置いて予防を。床との間に隙間ができるので掃除もしやすくなります。

□ 排気口カバーを設置する

油や食材などが入り込みやすいコンロ奥の排気口。いったん汚れると掃除するのも大変なことに。カバーを設置してガードしましょう。お手入れもさっと拭くだけで済みます。

□ 食器棚シートを敷く

食器棚やシンク下収納にシートを敷くと傷の予防に。掃除もシートを拭くだけで済むのでラクちん。製品によっては滑り止め加工が施されているものや、防虫効果があるものも。

□ カビ予防をする

一見きれいでも、カビの胞子があると新しいカビが発生します。カビは少しの水分でも増えてしまうので、入居してお風呂を使う前に防カビ剤を焚いておきましょう。

□ フィルターを貼る

油が付着しやすいキッチンの換気扇には使い捨てのフィルターを。汚れたら交換すれば済むので気楽です。お風呂場やトイレの換気扇、通気口用のフィルターもほこり対策に◎。

キッチンの掃除①

汚れをすぐに落とせば、あとがラクちん

油はねやぬめりなどを放置するとこびりつきや悪臭の原因に。すぐに落とせば頑張らなくてもスルッと落ちます。

1日数分の手間できれいが続く 小掃除

コンロまわり

（自炊するなら）毎日

油などが飛び散りやすいコンロまわり。汚れは当日のうちに落としましょう。中性洗剤をスプレーし、ふきんでさっと拭くだけでOK。食後の洗い物ついでにやれば苦になりません。

使うもの

- 住宅用中性洗剤（二度拭き不要タイプ）
- ふきん

＼ 気になる汚れを解決！ ／

五徳(ごとく)が焦げついたら

大きな鍋に五徳と水、重曹（水1ℓ：重曹大さじ3の割合）を入れて火にかけ、10分ほど煮沸。火を止めて1時間ほど放置してから、スポンジでこすり洗いしましょう。

シンクまわり

(自炊するなら)毎日

食器を洗ったら、その延長でシンクの中やまわり、蛇口も洗ってしまいましょう。スポンジに食器用洗剤をつけて軽くこするだけ。水で洗剤を流したら蛇口はふきんで乾拭きを。

使うもの

- 食器用洗剤
- スポンジ
- ふきん

排水口

毎日(夏場)〜週に2、3回

排水口のゴミを捨て、塩素系漂白剤をスプレー。数分間（漂白剤の使用上の注意を参照）放置してから水で洗い流すとぬめりが取れ、ゴシゴシこすらなくてもきれいになります。

使うもの

- 台所用塩素系漂白剤
- ゴム手袋

定期的にきれいにしよう キッチンの掃除②

一見、きれいそうでも、汚れはだんだんたまっていきます。家電も定期的に掃除することで、長く快適に使うことができます。

ピカピカにして匂いもすっきり **中掃除**

ケトル

2か月に1回

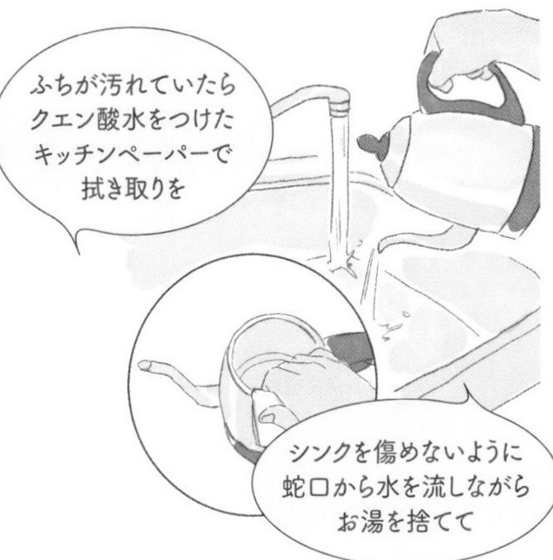

満水まで水を入れ、クエン酸大さじ1を入れて沸かし、1時間放置。注ぎ口からクエン酸水を捨てたら、もう一度満水まで水を入れて沸かし、注ぎ口からお湯を捨てればOK。

使うもの

- クエン酸（粉末）
- キッチンペーパー

電子レンジ

2か月に1回

耐熱容器に水200mlと重曹大さじ1を入れてまぜ、庫内に入れて600Wで5分加熱し、10分放置。ふきんやキッチンペーパーで庫内を拭きます。仕上げに外側も拭き掃除して完了！

使うもの

- 重曹（粉末）
- ふきんまたは
  キッチンペーパー

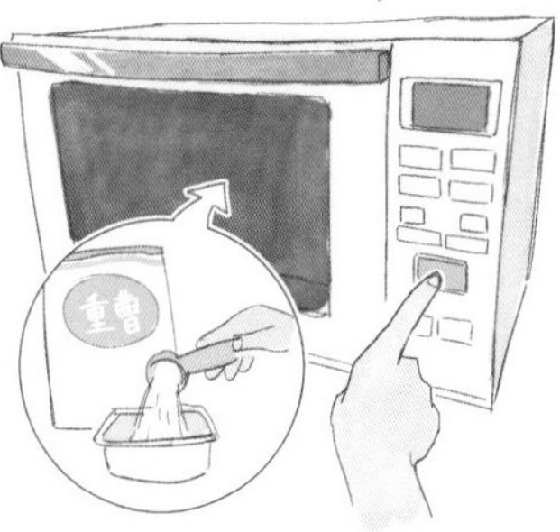

レンジフード 3か月に1回

1 使い捨てフィルターを外して廃棄します。
2 アルカリ電解水をふきんにスプレーし、レンジフード全体の油汚れを拭き取ります。
3 きれいになったら新しいフィルターを貼ります。

使うもの

- アルカリ電解水
- ふきん
- ゴム手袋
- 使い捨てフィルター

食材が傷みにくい
冬にやりたい **大掃除**

冷蔵庫 1年に1回

1 冷蔵庫に入っている食品を全部出し、電源をオフ。
2 賞味期限をチェックして期限切れのものを処分。
3 ふきんにアルカリ電解水をスプレーして庫内と外側を拭き、乾いたら電源をつけ、食品を戻します。

使うもの

- アルカリ電解水
- ふきん
- ゴム手袋

リビングの掃除

ほこりを追い出して快適な住まいに

ほこりは軽視されがちですが、実は、カビの栄養源。放置すると健康まで害することに。掃除でお部屋を浄化しましょう。

ほこりが落ちている朝がベストタイミング 小掃除

部屋全体

週に1回

ほこりにハンディモップの毛先を当てて、横にさっと滑らせます。左右に動かしたり、ぎゅっと押しつけたり、叩くのはNG。

ほこりがたまりやすい場所

- □ 棚の上や中
- □ テレビやパソコンまわり
- □ コンセントまわり
- □ 巾木(はばき)(壁と床の境目に設置される部材)

使うもの

- ハンディモップ

床

週に1回

掃除機をかけるか、フローリングワイパーにドライシートを装着し床に当て、軽く滑らせてほこりを取ります。床のざらつきが気になるならウェットシートで拭き取るとさっぱり。

使うもの

- 掃除機かフローリングワイパー
- ドライシートかウェットシート

ほこり→カビの
進行を食い止める

中掃除

エアコンのフィルター

3か月に1回

1 備え付けのフィルターを外し、外側→内側の順に掃除機をかけ、ほこりを吸い取ります。
2 フィルターの油汚れが気になる場合、ぬるま湯と住宅用中性洗剤で丸洗いし、陰干しします。
3 エアコン本体をドライシートで乾拭きし、乾いたフィルターを元に戻します。

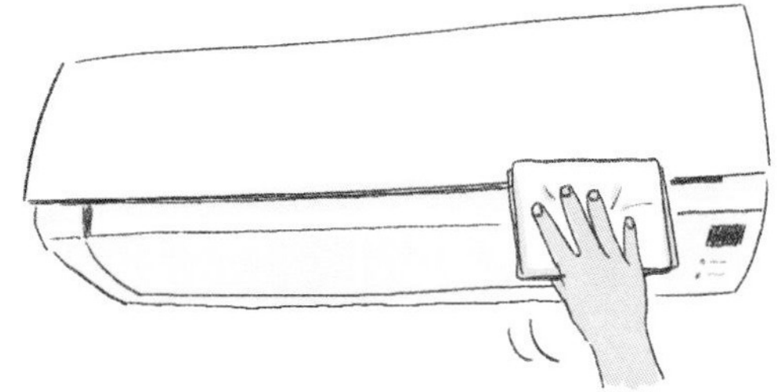

使うもの

- 掃除機
- 住宅用中性洗剤
- ドライシート

気になる汚れを解決！

エアコンの風がカビ臭いときは

内部にカビが生えている可能性あり。内部の構造は複雑なので掃除はクリーニング業者に依頼を。エアコンを使うシーズンは混み合うため、春に頼むのがおすすめ。

照明

半年に1回

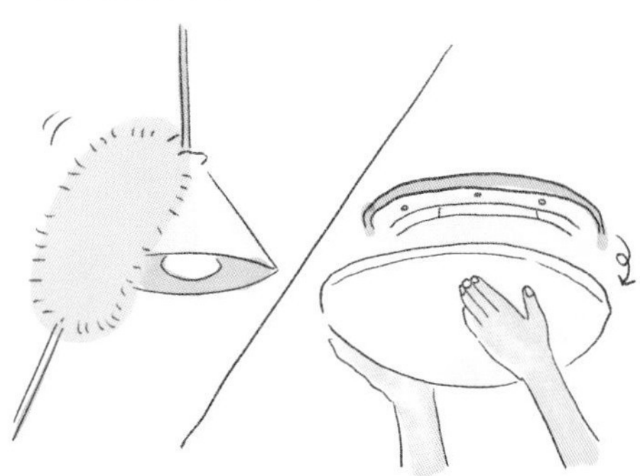

ハンディモップで外側のほこりを払います。シーリングライトの場合、中にほこりがたまっていたら外してドライシートで拭き取ります。
照明の外側やかさが油汚れでベタついている場合は、アルカリ電解水をスプレーしたドライシートで拭き取ります。

使うもの

- ハンディモップ
- アルカリ電解水
- ドライシート
- ゴム手袋

湿気と汚れをためずにカビに徹底抗戦！

お風呂・洗面所の掃除

お風呂や洗面所にたまりやすい皮脂汚れや石鹸カス、湿気は、いずれもカビの大好物。繁殖する前に手を打ちましょう。

まめに洗えば簡単に落ちる！ 小掃除

お風呂全体、洗面所の洗面ボウル

週に1回

お湯をかけ、お風呂用中性洗剤とスポンジで洗います。お風呂は浴槽だけでなく、鏡まわりやふた、いす、おけなども洗って。お風呂に入った後に掃除すればスムーズです。

使うもの

- お風呂用中性洗剤
- スポンジ

お風呂・洗面所の排水口

週に1回

台所と同様に排水口のゴミを捨て、塩素系漂白剤をスプレー。数分間（漂白剤の使用上の注意を参照）放置してから水で洗い流します。お風呂上がりや歯磨き後の習慣に。

使うもの

- 台所用塩素系漂白剤
- ゴム手袋

お風呂の床

汚れが気になったら

お風呂用中性洗剤と床用ブラシでこすり洗いし、水垢、石鹸カス、皮脂などの汚れをかき出します。特にピンク色のぬめりは放置すると繁殖するので、見つけたらすぐに落としましょう。

使うもの

- お風呂用中性洗剤
- 床用ブラシ

上からカビが降るのを予防 **中掃除**

換気扇フィルター

月に1回

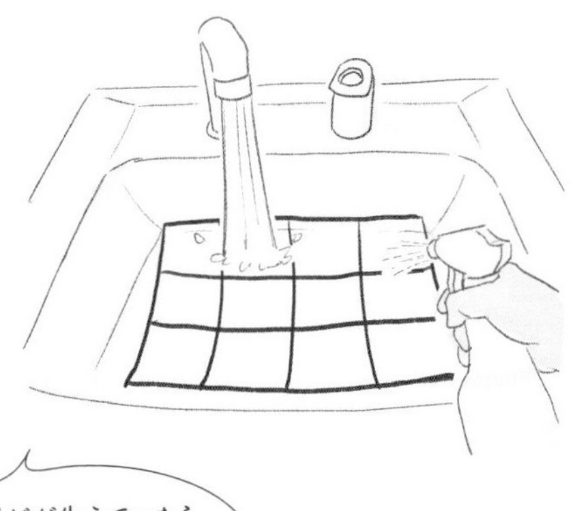

備え付けのフィルターを外し、ほこりを掃除機で吸い取ります。本体はドライシートで乾拭きしましょう。フィルターが汚れていたらお風呂用中性洗剤とスポンジで洗い、乾かして戻します。

使うもの

- 掃除機
- ドライシート
- お風呂用中性洗剤
- スポンジ

こすらなくても汚れが落ちる！

トイレの掃除

最初は目立たない尿はねも、時間が経つと黄ばみ、黒ずみに。週1回の簡単なリセット習慣できれいなトイレを保ちましょう。

便利な道具や洗剤の助けを借りて　小掃除

便器の内側

週1回

便器のふち裏にぐるっとトイレ用ジェル洗浄剤をかけ、数分間（洗浄剤の使用上の注意を参照）放置してから流すだけ。ブラシ不要タイプならゴシゴシこすらなくても汚れが落ちます。

使うもの

- トイレ用ジェル洗浄剤（トイレブラシ不要タイプ）

トイレ全体

週1回

使うもの

- トイレシートクリーナー（流せるタイプ）
- フローリングワイパー（ミニサイズ）

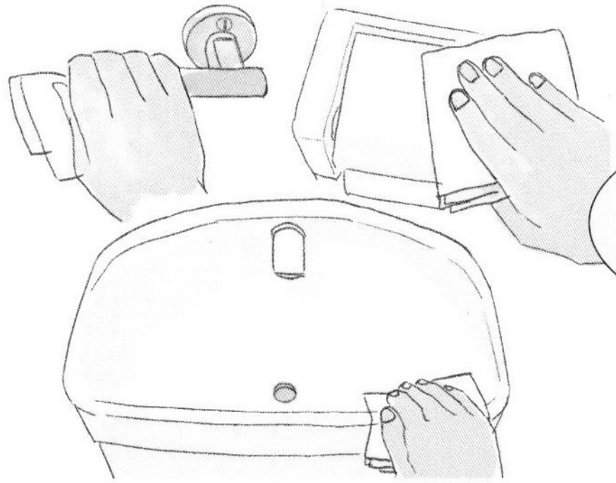

汚れが少ない場所
→多い場所の順に拭くと、
汚れを広げずにすみます

トイレシートクリーナーでドアノブやペーパーホルダー、手洗いボウル、タンクを拭きます。

▼▼▼

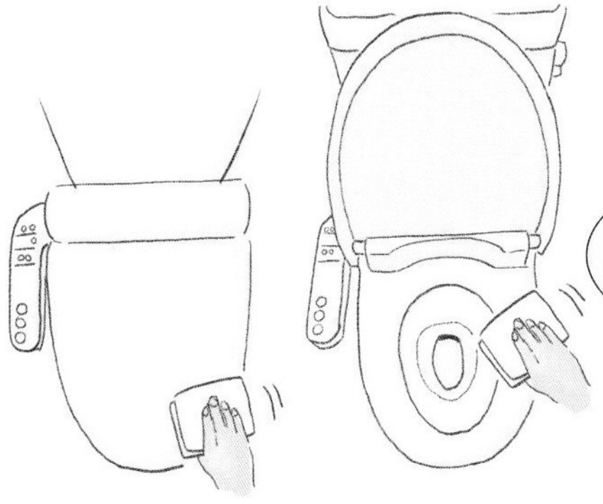

シートが汚れてきたら
拭く面を変えて

続いて温水洗浄のスイッチ、便器のふた、便座の表、便器の外側を拭いていきます。

▼▼▼

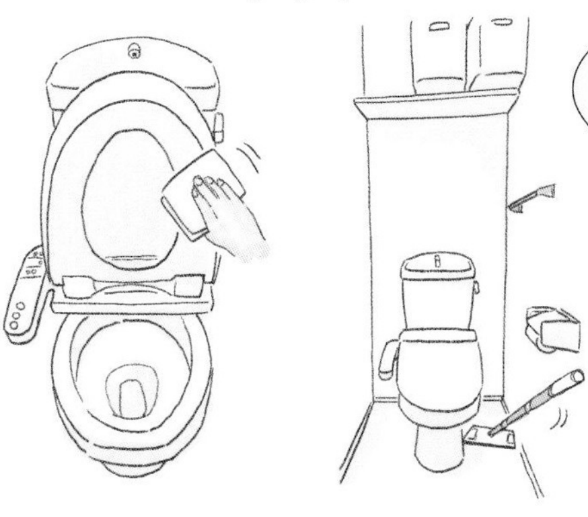

手が届きにくいトイレの
奥も、ミニワイパーなら
掃除しやすい！

続いて壁の上側から下側の順に拭き、ミニサイズのフローリングワイパーにトイレシートを装着し、床も拭き掃除します。最後に便座の裏や便器のふちを拭いて流します。

天気がいい日に一気にやりたい！
玄関・ベランダ・窓の掃除

外と部屋の境界にある場所は砂ぼこりがたまりがち。時々掃除しておけば、来客時も堂々とお迎えできます。

気分までクリアになる　中掃除

玄関・ベランダ

汚れが気になったら

玄関やベランダの主な汚れは砂ぼこりやゴミ。ほうきとちりとりで集めて捨てればOKです。傘や靴など、ものが散乱しているとスムーズに掃除できないので、この機会に整理して。

使うもの

- ほうき
- ちりとり

＼ 気になる汚れを解決！ ／

玄関のついでに靴箱もきれいに

靴箱から靴をすべて出し、風を通します。砂ぼこりをほうきで払い、アルカリ電解水をスプレーした雑巾で拭き、乾いたら靴を戻します。下の段に除湿剤を置くと湿気対策に。

窓 半年に1回

マイクロファイバー雑巾にアルカリ電解水をスプレーし、内窓→外窓の順に拭きます。

使うもの

- マイクロファイバー雑巾
- アルカリ電解水
- ゴム手袋

サッシ

半年に1回

使うもの

- ブラシ
- ウエットティッシュ
- 掃除用ヘラ
- 住宅用中性洗剤（二度拭き不要タイプ）
- 雑巾

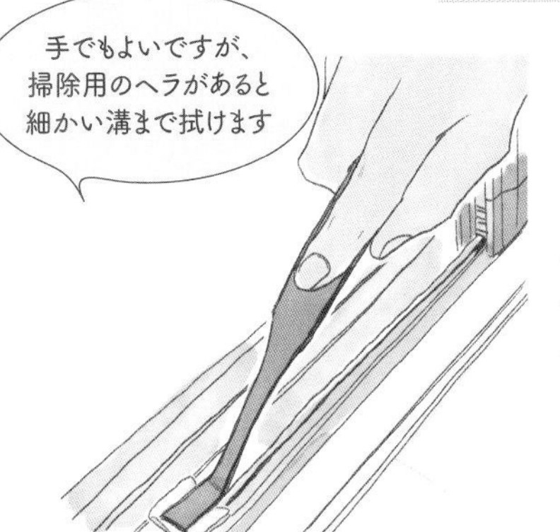

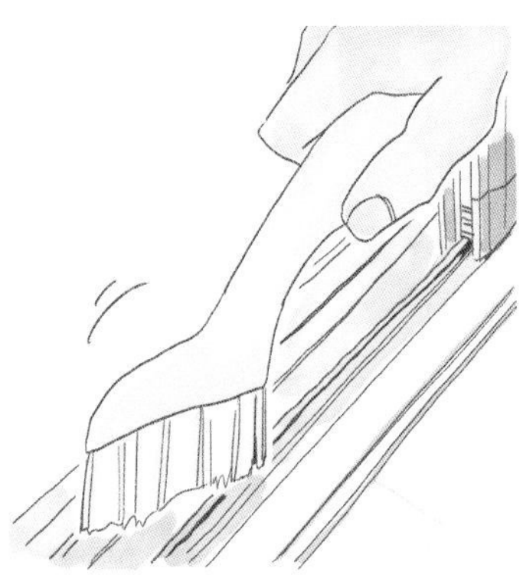

ウェットティッシュで汚れを拭き取ります。それでも落ちない汚れは住宅用中性洗剤をスプレーしてブラシでこすり、雑巾で拭き取ります。

サッシが乾いた状態で砂やゴミをブラシで落とします。

発生する前に手を打ちたい 虫・カビ対策

自分の部屋で見つけるとショックなのが、虫とカビ。できるだけ発生させないように暮らしの中で工夫しましょう。

場所別・おうちの中の虫対策

お風呂・トイレ

発生しやすい虫
チョウバエ

- □ 排水口はこまめに掃除して虫の餌となるぬめりや汚れを取る
- □ お風呂の換気扇を回す
- □ トイレのタンクや便器、手洗い場をこまめに掃除する

キッチン

発生しやすい虫
ショウジョウバエ

- □ 生ゴミや食べ残しはこまめに捨てる
- □ 排水口はこまめに掃除する
- □ 果物や野菜は出しっぱなしにせず、冷蔵庫に入れるか新聞紙で包んで冷暗所で保管する

ソファ・ベッド・じゅうたん

発生しやすい虫
ダニ

- □ 部屋の換気をこまめに行う
- □ 掃除機や布団クリーナーでダニの餌となるフケや髪の毛を取る
- □ 寝具はこまめに洗濯し、天気がいい日は布団を干す

窓・玄関

発生しやすい虫
蛾、アリ、蚊

- □ 網戸に穴やほつれがあったら張り替える
- □ サッシの周囲に隙間がある場合は隙間テープでふさぐ
- □ 水たまりは蚊の発生源。鉢植えの水受け皿に水がたまらないようにする

気になるゴキブリ対策

ゴキブリに遭遇したら

もしものときのために殺虫剤を用意しておくと安心です。消毒用アルコールや食器用洗剤をかけて窒息死させる手も。ガムテープに死骸をくっつけて捨てれば触れずにすみます。

家全体

- □ 生ゴミをこまめに捨てる
- □ ほこりや髪の毛を放置せずこまめに掃除する
- □ ダンボールはすぐに捨てる
- □ 市販の設置型駆除剤を台所や鉢植えの側などに置く

カビが生えやすい場所はどこ？

- エアコンの内部
- ベッドの下
- 窓
- 水回り（キッチン、お風呂、トイレなど）
- 収納（クローゼット、押し入れ、靴箱など）
- 大型家具や家電の裏側（冷蔵庫、食器棚など）

おうちの中のカビ対策

- □ ほこりや汚れはカビの栄養。こまめに掃除する
- □ 収納は詰め込みすぎず、通気性をよくする
- □ 収納内に除湿剤を置く
- □ 部屋の換気をこまめに行う
- □ お風呂の換気扇を回す
- □ お風呂用の防カビ剤で予防する

カビが生えてしまったらすぐに除去！

1 カビが生えている箇所に塩素系漂白剤をスプレーします。
2 数分間（漂白剤の使用上の注意を参照）放置してから水で洗い流します。

使うもの

- 台所用塩素系漂白剤
- ゴム手袋

＼ 気になる汚れを解決！ ／

塩素系漂白剤でも落ちないときは

お風呂場のパッキンの黒カビなどはなかなか落ちないことも。その場合は密着度の高いカビ取りジェルを塗ってカビが消えるまで放置し、ブラシでこすりながら水で洗い流します。

安全に、快適に暮らすためのゴミ出しの基本

トラブルを防ぐためにもゴミの臭い対策やプライバシー保護は大切。地域のルールも守りましょう。

悪臭を出さないゴミ対策

悪臭を出さない工夫

- 排水口にたまったゴミはこまめに（夏場は毎日）捨てる
- 生ゴミの水分をよく切ってから捨てる
- 三角コーナーは臭いが気になりやすいので、スタンドの方がおすすめ。スタンドに空気を通しにくい食パン用のポリプロピレン袋（PP）を設置し、毎日密閉して捨てると◎

生ゴミが臭う原因は？

栄養（生ゴミ）、水分、高温の3条件が揃う

▼▼▼

生ゴミを餌とする菌やカビが増殖

▼▼▼

腐敗・発酵が進み悪臭が発生する

人に見られたくないものを捨てるときは

個人情報が記載されたもの

住所や名前が書かれた郵便物や給与明細、領収書などはハサミで小さく切って袋に入れて処分。個人情報を隠せるスタンプを使っても。

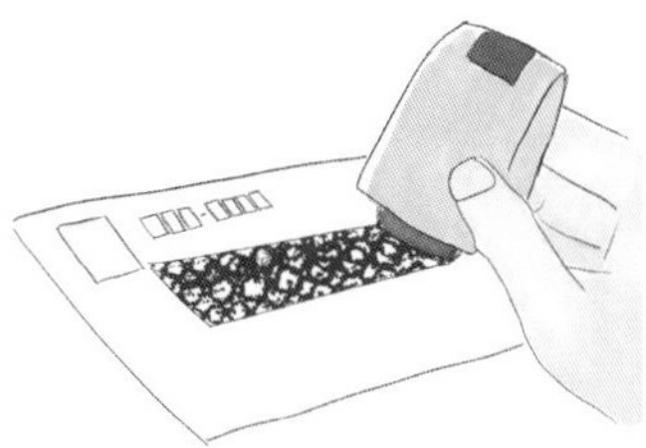

下着類

小さく切って袋に入れて処分。ワイヤー入りのブラジャーはワイヤーやホックなどと布地を分け、市区町村のルールに従って分別を。

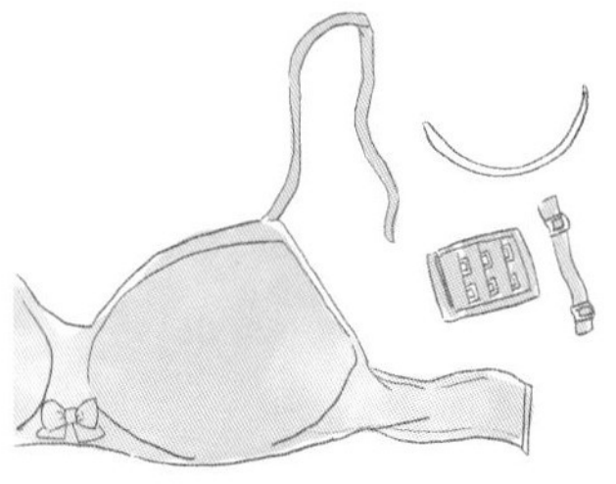

ゴミ出しのルールを守ろう

市区町村のルール

ゴミの分別方法は住んでいる場所によって違います。自治体のホームページなどを見て、分別方法や収集日、時間を確認しましょう。

集合住宅のルール

アパートやマンションによってはゴミ出しのルールが定められていることも。大家さんや管理会社に確認しておきましょう。

ゴミ捨てルールのチェックポイント

- □ ゴミの収集は有料？ 無料？
- □ 自治体指定のゴミ袋はある？
- □ ゴミや資源の分け方は？
  「可燃ごみ」「不燃ごみ」「古紙」
  「ペットボトル」「びん」「缶」「粗大ゴミ」
  …etc. 自治体によって分類や名称は違うので要確認
- □ （各種ゴミについて）
  何曜日の何時までに出す？
- □ ゴミはどこに出す？

ゴミ捨ての大事なマナー

マナーを守らないと、悪臭が発生したり、ゴミが散乱したりして、近所とのトラブルの原因になることもあるので注意を。

ゴミを入れすぎない

ゴミを袋いっぱいに詰めて出すと、収集の際にちぎれてしまうことも。少し余裕のある状態で、しっかり口を結んで出しましょう。

指定の曜日、時間を守る

出すのが遅れて回収に間に合わないと、放置ゴミになってしまいます。また、前日の夜に出すとカラスやネズミに荒らされる恐れも。

中身が残っているものはNG

ペットボトルや食品のビン、缶は中身を出してすすぎましょう。スプレーやカセットボンベも中身を出し切ってから捨てること。

危険なゴミは出し方に注意

刃物や割れた食器などは厚手の紙や布でしっかり包んで捨てて。入れた袋に「刃物危険」など、注意書きも大きく書きましょう。

清潔感を保つための

洗濯の基本

洗剤の役割や使い方を理解して効果的に汚れを落としましょう。時々洗濯機のお手入れをするといつも清潔な状態で洗えます。

まず揃えたい洗濯用洗剤

ふだん着やタオルの洗濯に
一般衣料用洗剤
（弱アルカリ性または中性）

綿、麻、合成繊維用。洗浄力が高く、ふだん着等を洗濯機の標準コースで洗うのに適した洗剤。安価な粉末タイプ、溶けやすい液体タイプ、計量がラクなジェルタイプがあります。

デリケートな素材の洗濯に
おしゃれ着用洗剤
（中性）

ウール、シルク、レースなど繊細な素材用。デリケートな衣類を、洗濯機のおしゃれ着洗いコースなどでやさしく洗うのに適しています。色落ちや縮み、型崩れを防ぎたいときに。

やわらかくふわふわに
柔軟剤

洗濯の仕上げに使うと繊維がなめらかになり、毛羽立たずふわふわの肌ざわりになります。また、香りづけや抗菌・消臭、静電気防止、速乾促進などの効果が期待できる商品も。

シミや黄ばみを解消！
漂白剤
（酸素系漂白剤）

衣類のシミや黄ばみを漂白できるほか、除菌・消臭効果も。塩素系と酸素系があり、塩素系の方が漂白効果は高いものの色落ちしやすいので、色柄ものでも使える酸素系がおすすめ。

洗濯機に入れる前にチェック！

- □ 衣類の洗濯表示（P.94）を確認
- □ ポケットの中身は出す
- □ 汚れのひどい部分は手で下洗いする
- □ 付属物のついた衣類や薄手の衣類はネットに（P.93）
- □ 色の濃い衣類と白い衣類は別々に洗う
- □ 洗剤・柔軟剤はパッケージ記載の使用量を守る
- □ 洗濯物を入れすぎない。洗濯槽の7割以下に

こんな衣類は洗濯ネットへ！

- 洗濯ネットに入れる表示のある衣類
- ボタン、ファスナー、飾りなど付属物のついた衣類
- 色の濃い衣類
- ニットなど型崩れしやすい衣類
- ストッキングなど生地が薄い衣類

無理に詰め込むとシワや型崩れの原因に。畳んだ服のサイズに合ったネットに入れて

悪臭を防ぐために気をつけたいこと

洗濯カゴがわりに使わない

脱いだ服を直接洗濯機に入れて放置すると雑菌が繁殖し、悪臭やカビの原因に。通気性のよいランドリー用のカゴを使いましょう。

洗濯物を溜めすぎない

汚れや臭いは時間が経つほど落ちにくくなり、洗濯物を洗濯機に詰め込むと洗浄効果も落ちます。週2～3回の洗濯がおすすめ。

普段の洗濯に酸素系漂白剤を追加

洗剤に加え酸素系漂白剤も入れると、生乾き臭を防ぐほか、洗濯槽を清潔に保つ効果も。使用量や使い方は漂白剤の表示どおりに。

濡れた洗濯物の放置は厳禁！

せっかく洗濯しても濡れたままだと雑菌が増殖するのですぐに干しましょう。洗濯機内部も乾燥させるためにふたを開けておくこと。

時には洗濯機の掃除を

4か月に1回

1 市販の洗濯槽クリーナーを1本入れて、槽洗浄コースで運転します。

2 槽洗浄コースが終了したら雑巾に住宅用中性洗剤をスプレーし、洗濯機まわりを拭きます。

使うもの

- 洗濯槽クリーナー
- 住宅用中性洗剤
- 雑巾

大切な服を守って失敗を防ぐ
洗濯表示の読み方

「お気に入りの服が縮んだ！」
「色が変わっちゃった…」
そんなトラブルを防ぐために
洗濯表示をちゃんと見ましょう。

洗濯する前に、タグをチェック！

洗濯の方法　漂白の方法　乾燥の方法

アイロンの方法　クリーニングの方法

1 まずはざっくり把握

服などのタグに記載されているマークは、「洗濯」「漂白」「乾燥」「アイロン」「クリーニング」の仕方を表しています。

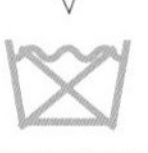

洗濯機OK　手洗いOK　家庭洗濯NG

2 おうちで洗えるかを確認

「洗濯」マークに×がついていなければおうちで洗ってOK。さらに洗濯機で洗うのか手洗いなのかをチェックしましょう。

▼▼▼

塩素系はNG

漂白OK　酸素系漂白剤OK　漂白NG

3 使える漂白剤を確認

「漂白」マークに×がついていたら漂白はNG。OKでも酸素系漂白剤だけで、塩素系は不可の場合もあるので注意して。

▼▼▼

洗濯物を回転させながら温風を当てて乾かす方法

自然乾燥　タンブル乾燥NG

アイロンは温度もチェック

4 「乾燥」「アイロン」も確認

乾燥機を使えるのか、自然乾燥推奨なのか、アイロンを使う場合はどのくらいの温度が適しているのか、見ておきましょう。

洗濯表示の一覧表

家庭洗濯	漂白	タンブル乾燥	自然乾燥	アイロン	クリーニング
40℃限度 洗濯機「標準」※	漂白OK	高温 80℃まで	日なた 日陰 つり干し	高温 200℃まで	すべての溶剤 ドライクリーニング 通常処理
40℃限度 洗濯機「標準」※	酸素系OK 塩素系NG	低温 60℃まで	濡れつり干し	中温 150℃まで	石油系溶剤 ドライクリーニング 弱い処理
30℃限度 洗濯機「弱」※	漂白NG	タンブル乾燥 NG	平干し	低温 110℃まで ＊スチームなし	ウエットクリーニング 非常に弱い処理
40℃限度 手洗い			濡れ平干し	アイロンNG	ドライクリーニング NG
家庭洗濯 NG					ウエットクリーニング NG
※洗濯機の機種により異なる					

手洗いってどうやるの？

1 洗面器に30℃以下のぬるま湯と洗剤を入れて混ぜ、衣類を畳んで入れます。
2 押し洗い、ふり洗いなど衣類に合った方法で洗います。
3 新しいぬるま湯に替え、2と同じ動作ですすぎます(2～3回)。
4 洗濯ネットに入れて洗濯機で15～30秒ほど脱水します。

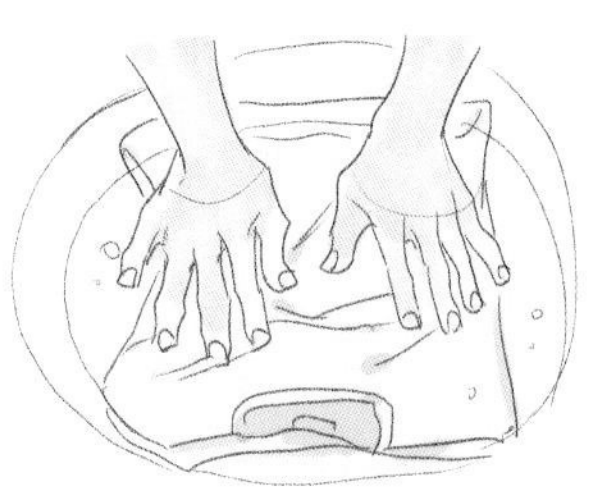

押し洗い
ニットやパンツなど

衣類を両手で押して、力を抜いて浮かせる動作を繰り返します。

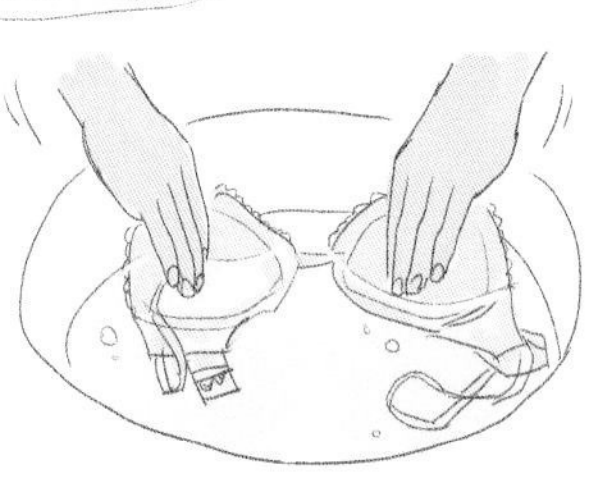

ふり洗い
薄手の衣類や下着など

衣類の端を両手でつまみ、ふるようにして洗います。

使うもの

- おしゃれ着用洗剤
- 洗濯ネット
- 洗面器

生乾き臭や型崩れを予防！

洗濯物の干し方

ひとり暮らしだと、日中、外に干すのが難しいことも。嫌な匂いを発生させないために乾きやすくする工夫が大切です。

洗濯表示の干し方の意味は？

つり干し／濡れつり干し

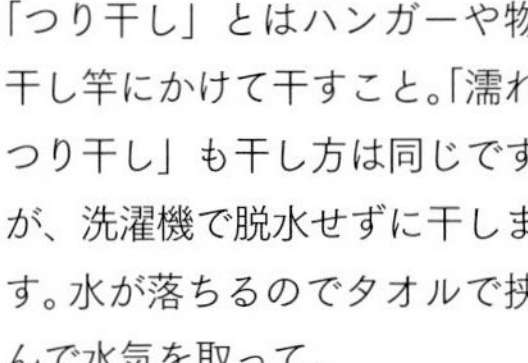

「つり干し」とはハンガーや物干し竿にかけて干すこと。「濡れつり干し」も干し方は同じですが、洗濯機で脱水せずに干します。水が落ちるのでタオルで挟んで水気を取って。

平干し／濡れ平干し

「平干し」は平らに吊るして干す、または平らな場所に置いて干すこと。型崩れを防ぎたい衣類向け。「濡れ平干し」は洗濯機で脱水せずに同様に干します（水気はタオルで取る）。

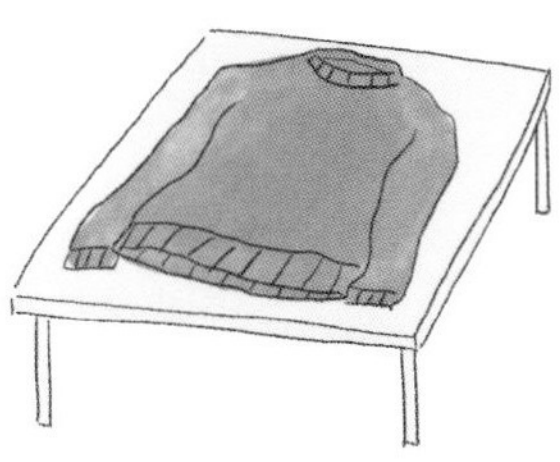

日なたで干す？ 日陰で干す？

日に当たると色あせや変質しやすい衣類は、陰干しが推奨されます。屋外でも室内でも、直射日光の当たらない場所で干しましょう。乾きが悪くなるので通気性のよい場所が◎。

干す前の一手間でシワが激減

洗濯物を干す前に①上下に大きくふる、②手のひらで小さなシワを挟んで叩く、③襟や縫い目などシワが寄りやすい部分は伸ばすことを習慣にするとシワが目立たなくなります。

なるべく早く乾かすためのひと工夫

風通しのよい場所で干す

湿気がこもりやすい部屋の隅や壁際より部屋の中央が◎。カーテンレールに吊るすとカーテンと重なって乾きにくくなるのでNG。

部屋干し用の洗剤を利用する

最近は、部屋干し向けに抗菌・消臭効果を高めた洗剤も市販されています。ただし洗浄力が強いのでおしゃれ着は避けた方が安心。

洗濯物の間隔を空ける

1か所にたくさんの洗濯物を干して、服同士がくっついた状態で干すと乾きが遅くなります。10cm程度は離すようにしましょう。

家電を利用して風通しアップ

室内の通気性が悪いなら、除湿機やエアコンの除湿機能を使って。サーキューレーターや扇風機を置いて洗濯物に風を当てても。

厚みのある素材は干し方を工夫

ジーンズのように厚みのある素材は平らに干すと乾きにくいので、ピンチなどで数か所挟んで筒状に吊るして。型崩れも防げます。

布地が重ならないように干す

パーカーのフード部分は立てて干す、タオルは長さをずらしてかけるなど、布地が重なる部分を減らすと空気が通りやすくなります。

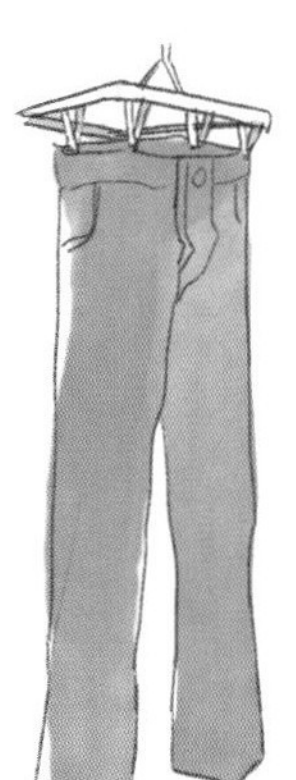

黄ばみやシミ、気になる臭い
知っておくと便利な洗濯テクニック

久しぶりに出した服が黄ばんでいる、食べこぼしのシミが落ちない…etc.
まずはおうちでできる対処法を試してみましょう。

酸素系漂白剤で黄ばみ落とし

服が黄ばむのはなぜ?

洗濯しても繊維に残ってしまった皮脂汚れや洗剤成分は、時間が経つと黄色く変色。一度黄ばむと通常の洗濯ではなかなか落ちません。

黄ばみ落としの方法は?

1 バケツなどに50℃のお湯と酸素系漂白剤(使用量は漂白剤の表示どおりに)を入れて溶かし、泡が出てきたら洗濯物を入れます。
2 30分～2時間ほどつけて流水ですすぎ、軽く絞ったら通常どおり洗濯します。

酸素系漂白剤で臭い取り

洗濯しても臭うのはなぜ?

汗や汚れが洗濯で落ちきらなかったり、乾かない状態が長時間続いたりすると、雑菌が繁殖して嫌な臭いが残ってしまいます。

臭い取りの方法は?

1 バケツなどに50℃のお湯と酸素系漂白剤(使用量は漂白剤の表示どおりに)を入れて溶かし、泡が出てきたら洗濯物を入れます。
2 20～30分ほどつけて流水ですすぎ、軽く絞ったら通常どおり洗濯します。

原因別 シミの応急処置

＊洗濯機や手洗いOKの衣類のみ。NGの場合はクリーニング店へ

ファンデーションや口紅がついたら

1 衣類が乾いた状態で汚れた部分にクレンジングオイルをつけ、下にタオルを敷きます。
2 汚れた部分に歯ブラシを当て、タオルに汚れを移すようにトントンと叩きます。
3 シミがあったところにおしゃれ着用洗剤をつけ、通常どおり洗濯します。

食べ物がついたら（コーヒー、ワイン、しょうゆ、ソースなど）

1 汚れた部分をぬるま湯で洗い、食器用洗剤をつけて下にタオルを敷きます。
2 汚れた部分に歯ブラシを当て、タオルに汚れを移すようにトントンと叩きます。
3 シミが落ちたら通常どおり洗濯します。

血液がついたら

1 なるべく早く水で洗い流します（お湯はNG）。
2 シミが残った場合はバケツなどに40℃のお湯と酸素系漂白剤（使用量は漂白剤の表示どおりに）を入れて溶かし、泡が出てきたら洗濯物を入れます。
3 1～2時間ほどつけて流水ですすぎ、軽く絞ったら通常どおり洗濯します。

ボールペンのインクがついたら

1 衣類が乾いた状態で汚れた部分にアルコールジェルをつけ、下にタオルを敷きます。
2 汚れた部分に歯ブラシを当て、タオルに汚れを移すようにトントンと叩きます。
3 水ですすいでジェルを落とし、通常どおり洗濯します。

歯ブラシで叩く際のコツ

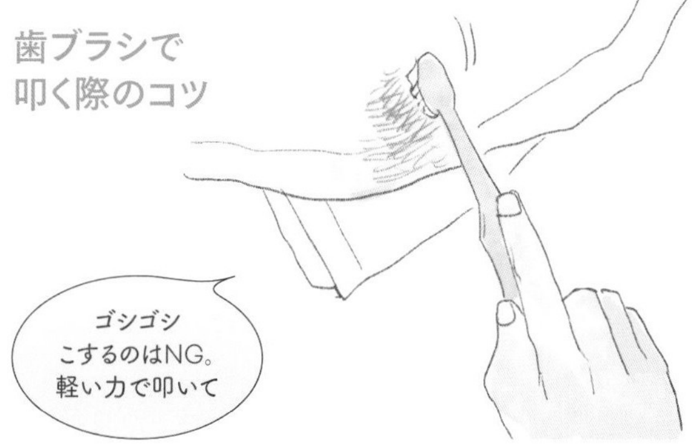

こんなときはどうする？

寝具やカーテンの洗濯 アウターなどのお手入れ

寝具やカーテンも
定期的に洗濯しましょう。
頻繁に洗濯できない衣類は
ていねいにケアして。

寝具を清潔にして ダニ・カビ予防

寝具は見えない汚れがいっぱい！

大人の場合一晩にコップ1杯程度の寝汗をかくそう。洗濯せずに放置すると、シミやカビの原因になってしまいます。また、寝具に落ちたフケや垢、髪の毛、ほこりはダニの餌に。

寝具の洗濯・お手入れの頻度は？

シーツ、枕カバー、ベッドパッド	週に1回～2週間に1回、洗濯
掛け布団カバー	数週間に1回、洗濯
布団	月に1～2回、晴れた日に2時間程度干して湿気をとばす
マットレス	月に1回、掃除機をかけて立てかけ、風を通す

布団を干せない人は？

日中、外に布団を干すのが難しい場合、布団乾燥機を使って湿気をとばし、布団クリーナーで汚れやダニを吸い取ると清潔を保てます。年に1回はコインランドリーを利用して布団を丸洗いすると、さらにすっきり。

カーテンもおうちで洗濯できる！

カーテンの洗濯頻度は？

ほこりやカビ、臭いがつきやすいので、1年に1回は洗濯を。洗濯後の乾きが早いGW ～夏の晴れた日に行うのがおすすめ。

カーテンの洗濯、こうすれば簡単！

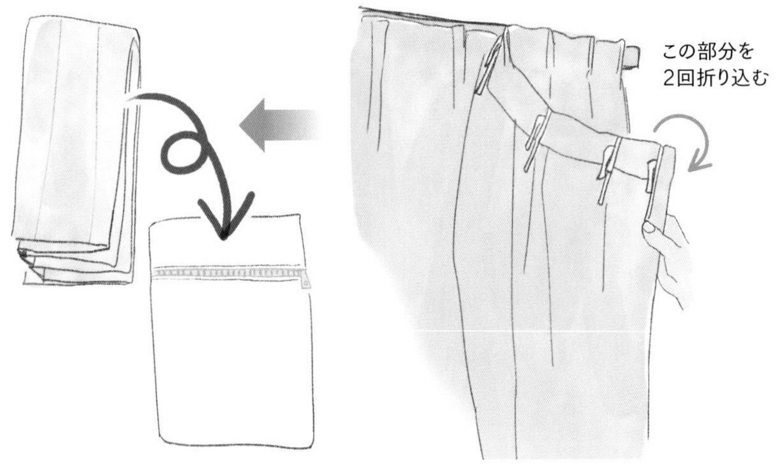

1 カーテンフックをつけたままレールから外し、フック部分を2回折り込み、全体を畳みます。
2 大きめの洗濯ネットに入れ、おしゃれ着用洗剤を使用しておしゃれ着洗いコースで洗濯します。
3 洗濯が終わったらネットから出し、カーテンレールにかけて乾かします。

頻繁に洗濯できない衣類のお手入れ

家で洗えない素材が多いアウターやニット。冬はあまり汗をかかないので、洗濯はシーズン中に数回程度でよいですが、脱いですぐにしまうのは雑菌が繁殖するからNG。ハンガーにかけてブラシでほこりを払い、消臭スプレーをかけて一晩干してからしまいましょう。

メンテナンスや整理もこの機会に
衣替えのすすめ

クローゼットの中がごちゃごちゃだと使い勝手が悪くなるだけでなくシワやカビの原因に。衣替えをリセットの機会にして。

衣替えをやってみよう！

春と秋の年2回がベスト

暑くなる前の5月と寒くなる前の9～10月がおすすめ。収納スペースに風を通す機会にもなるので晴れた日が◎。衣替え前に洗濯や不用品の整理を済ませておくとスムーズ。

準備編 洗濯&不用品の整理

これからしまう服を点検し、汚れていたら洗濯するか、クリーニングに出します。収納に備え防虫剤も買っておきましょう。また、着なくなった服があればこの機会に処分の検討を。

不用な服をチェック！

- □ 汚れやほつれなどが目立つ服
- □ 流行遅れになった服
- □ 1年以上着ていない服
- □ サイズが合わない服

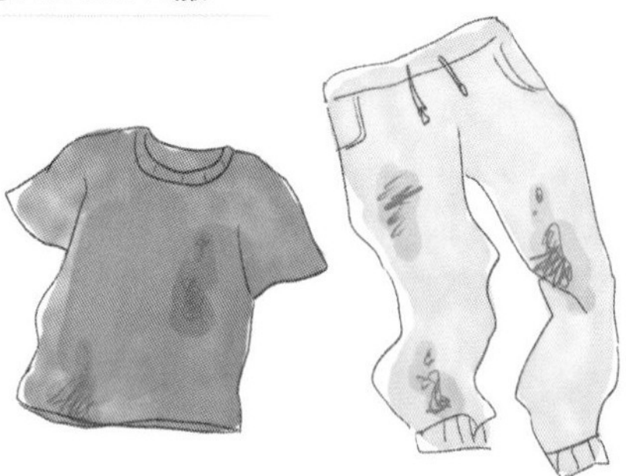

クリーニング店の保管サービスも便利

宅配でクリーニングの注文や受け取りが可能な業者の中には、数か月服を保管するサービスを行っているところも。おうちの収納スペースが狭いなら利用を検討してみても。

オンシーズン↔オフシーズンの入れ替え

1 これから着なくなる服を、「Tシャツ」「ニット」などカテゴリーに分けます。
2 畳める衣類は衣装ケースに入れて、収納スペースの奥や高い位置に。吊るして収納するなら奥側に移動を。
3 これから着る服を出し、手前や低い位置など手に取りやすい場所にしまいます。

ついでにクローゼットの掃除も

1 服の入れ替えが終わったら、収納スペースまわりやクローゼット内に掃除機をかけます。
2 収納ケースをドライシートで拭き、ほこりを取ります。
3 クローゼットなら一番下の奥の方に除湿剤を置きます。

使うもの

- 掃除機
- ドライシート
- 除湿剤

\マンガ/
ひとり暮らしあるある2『掃除の極意』

最低限これだけ知っておきたい家事入門・料理編

監修／
池田美希

PART
▼
4

これだけは揃えよう！

基本の調理器具

自炊を始めるとなると、最低限の調理器具があった方が効率よく失敗なくできます。100円ショップでもだいたい揃います。

《最初に揃えたい調理器具》

まな板

素材は木でもプラスチックでもOK。シンクの上に渡せる幅広タイプが使いやすいです。

しゃもじ

表面に凸凹がついているものだと米粒がくっつきにくく、きれいに盛り付けられます。

ピーラー

これがあれば野菜や果物の皮むきが効率アップ。薄くスライスしたいときにも使えます。

包丁

最初に買うなら肉、魚、野菜など幅広い食材に対応できる「三徳包丁」がおすすめです。

フライパン（直径26cm）

炒める、焼く、煮る、ゆでるなど幅広く活躍。ふた（ガラス製が◎）もセットで購入を。

片手鍋（直径18cm）

汁物を作ったり、ひとり分の麺をゆでたり。テフロン加工の鍋なら炒め物もできます。

おたま

スープやみそ汁、カレーなどをすくうのに必須。ステンレスなど丈夫な素材がおすすめ。

菜箸

調理中の食材をつまんだり、混ぜたり。料理の盛り付けや、火の通りの確認にも活躍。

ボウル、耐熱ボウル、ザル（直径20～21cm）

食材を洗うなど調理の各工程で活躍。耐熱ボウルなら電子レンジ調理にも使えます。

サーバー、調理スプーン

炒め物を作るときや盛り付けに活躍。耐熱温度の高いシリコン製で深みのあるものが◎。

おいしく作るための計る器具

キッチンスケール

正確な分量で作ると、料理が格段においしくなります。自炊が軌道に乗ってきたら検討を。

計量カップ

1カップ（200ml）用のものがあれば十分。ごはんをよく炊くなら1合(180ml)用も。

大さじ、小さじ

初心者のうちはレシピの分量を守る方が失敗なし。最低でも1セット持っておいて。

料理を助ける消耗品

キッチンペーパー

こちらもおとしぶたに使えるほか、材料の水気を拭くときやアク取りなどに重宝します。

アルミホイル

鍋のサイズに切れば、煮物で使うおとしぶたの代用品に。オーブントースター調理にも。

ラップ

食べ物を保存する際に必須。電子レンジで調理するときにも使うので買っておきましょう。

慣れてきたら買い足しても

キッチンばさみ

柔らかい肉、魚、野菜ならはさみでも切れます。まな板がなくても使えるので時短に。

小フライパン（直径20〜21cm）

目玉焼き、オムレツ、少量の炒め物などが作りやすく、朝食やお弁当の調理にgood。

ボウル、耐熱ボウル（直径15〜16cm）

卵をとくときや、少量の調理をする際に小さめサイズもあると便利。食器のお椀でも代用可。

フライ返し

ハンバーグ、餃子、魚のムニエルなど、形を崩さずにひっくり返すことができます。

両手鍋

煮込み料理をたっぷり作るなら安定感のある両手鍋を。食卓にそのまま出しても映えます。

小さいまな板

少量を切りたいときに。さっと出せて洗うのもラクなので、料理のハードルが下がります。

食事をするのが楽しくなる
基本の食器

最初は汎用性の高い器だけを少数用意すればOK。自炊する中で必要を感じたら買い足していきましょう。

《 最初に揃えたい食器 》

深皿
（直径20～21cm）

深みのある皿は汁気のある料理に。パスタやカレーを食べるのにちょうどいい大きさです。

平皿
（直径20～24cm）

肉や魚などの主菜を盛るのにぴったりのサイズ。レンジ対応タイプなら調理にも使えます。

汁椀

木製などシンプルなデザインなら、みそ汁だけでなく、スープに使っても違和感なし。

ごはん茶碗

毎日のように使うので、好みのデザインを。少し大きめだとお茶漬けなどにも使いやすい。

グラス

冷たい飲み物用。普段使いには脚のないタイプが◎。背が低いものなら器代わりにしても。

箸、スプーン、フォーク

スプーンとフォークは食事用とデザート用の2サイズあると安心。ナイフはなくてもOK。

直径24cmくらいの平皿なら、おかずとごはんを盛り合わせてワンプレート使いもあり。

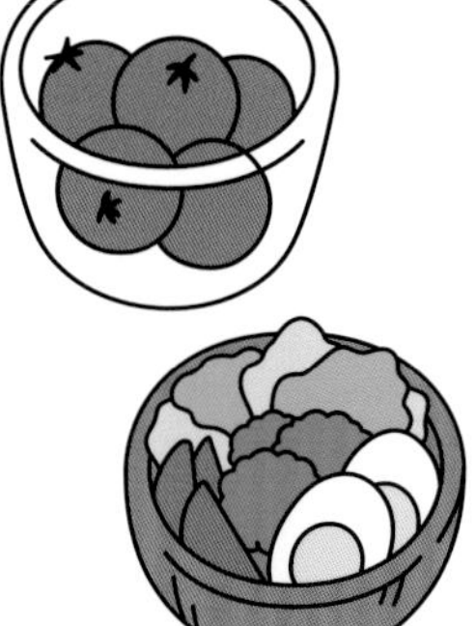

背が低いグラスに野菜などを盛るのもかわいい。

すっきりした形の汁椀ならサラダボウルにしても。

慣れてきたら買い足しても

丼

ごはんにおかずをのせて丼にすれば洗い物がラク。ラーメンやうどんなどを食べる際にも。

ごはん冷凍容器

多めに炊いて1膳分ずつ冷凍しておけば、忙しい日も安心。お弁当に持って行っても。

マグカップ

温かい飲み物やスープに。温かい状態を長く楽しむなら保温性の高いタイプがおすすめ。

丼に汁気の多いラーメンなどを入れるなら、800～1000mlくらい入る大きめのものを。

スープジャー

お弁当生活を始めるならおすすめ。汁物とおにぎりだけでも1食分のランチになります。

徐々に増やしたい小さな器

深皿（直径14～15cm）

スープや煮物に適したサイズ。シンプルなデザインなら、和食、洋食を問わず使えます。

小サイズの平皿（直径16～17cm）

おかずの取り皿やデザート皿としてちょうどいい大きさ。来客が多いなら複数枚揃えても。

中サイズの平皿（直径18～19cm）

食パンにちょうどよく、さっと洗えるサイズで朝ごはん向き。副菜を盛る器に使っても。

小鉢（直径12cm程度）

ひとり分の副菜を入れるのにぴったり。汁気のあるおかずに。鍋の取り皿などにも使えます。

小サイズのかわいい平皿があると、おやつの時間が楽しくなります。

毎朝トースト派の人は中サイズの平皿があると便利。

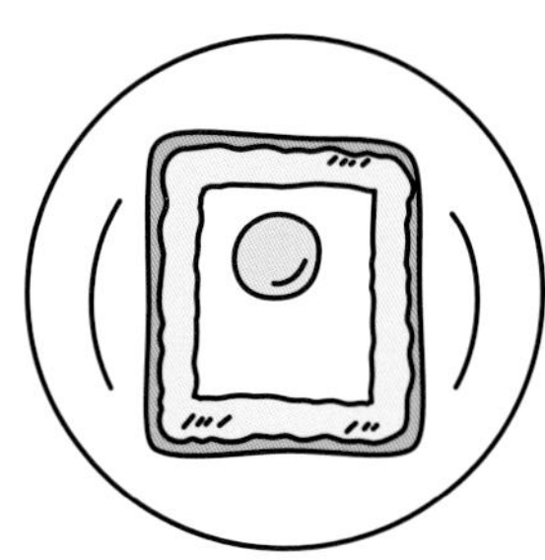

料理には欠かせない

基本の調味料&常備食材

初めに揃えておきたい調味料から料理の幅を広げる調味料まで紹介。使い切れないと無駄になるので少しずつ増やすのがおすすめ。

《最初に揃えたい調味料&食材》

和食の味付けに

- 砂糖
- 酢
- しょうゆ
- みそ
- 酒
- みりん

甘味や酸味、塩味、うまみを加える調味料。これらがあれば基本的な和食が作れます。

ex.
みそ汁、煮物、酢の物、照り焼き

加熱調理に欠かせない

- サラダ油
  またはオリーブ油
- ごま油
- バター

最初に買うならサラダ油かオリーブ油。コクのあるごま油、香りのよいバターもあると◎。

ex.
野菜炒め、
肉や魚、野菜のソテー

味付けの基本!

- 塩
- こしょう

料理のジャンルを問わず使える調味料。下味から味付けまでさまざまな工程で使えます。

ex.
ステーキ、ムニエル

これだけで味が決まる!

- ケチャップ
- マヨネーズ

味が完成されていて、つけるだけでおいしくなる調味料。炒め物などの味付けに使っても。

ex.
サラダ、チキンライス

下味で活躍

- 小麦粉
- 片栗粉

肉や魚などにまぶして衣にしたり、とろみをつけたり。何かと出番が多いのであると便利。

ex.
唐揚げ、あんかけ

徐々に増やしたい調味料＆食材

味の幅が広がる！

- コチュジャン
- オイスターソース
- ナンプラー

和食や洋食をひと通り作れるようになったら、韓国料理、中華、エスニックにもチャレンジ。

風味やうまみをプラス

- 鶏ガラスープの素、コンソメ、和風顆粒だし
- チューブにんにく、チューブしょうが
- 粉チーズ、ごま

料理に合わせてだしも使い分けて。香りや風味、食感を足す食材があると味に深みが出ます。

そのままかけても調味に使っても

- めんつゆ
- ポン酢
- 中濃ソース

めんつゆとポン酢があれば簡単に1品増やせます。揚げ物をよく食べるならソースも常備。

買っておくと助かるお役立ち食材

乾物、缶詰、インスタント食品など

- ツナ缶
- カットわかめ
- 春雨
- 韓国のり
- 冷凍うどん
- パスタ
- トマト缶

買い物したり、ごはんを炊いたりする時間がないときの救世主。乾物や缶詰は常温で保存できるのも◎。

生鮮品

- キャベツ
- 玉ねぎ
- トマト
- 卵
- ひき肉
- 豚こま切れ肉

さまざまな料理に使えて、調理が簡単な食材をセレクト。肉類は冷凍しておくと便利です。

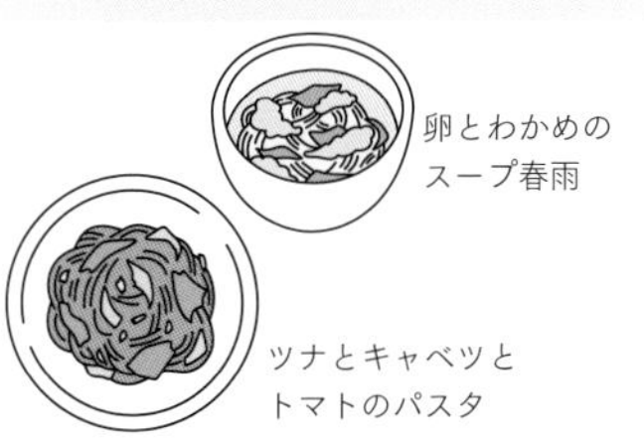

常備食材だけで満足ごはん

韓国のりとミニトマトのあえもの

豚こまと玉ねぎの炒め物

わかめのみそ汁

レシピどおりに作るための はかり方と切り方

料理に慣れるまでは、レシピどおりに材料をはかり、正確に切るのが成功の近道。基本用語は押さえておきましょう。

材料のはかり方

少量の液体や粉類は計量スプーンで

大さじ＝15ml ／ 小さじ＝5ml

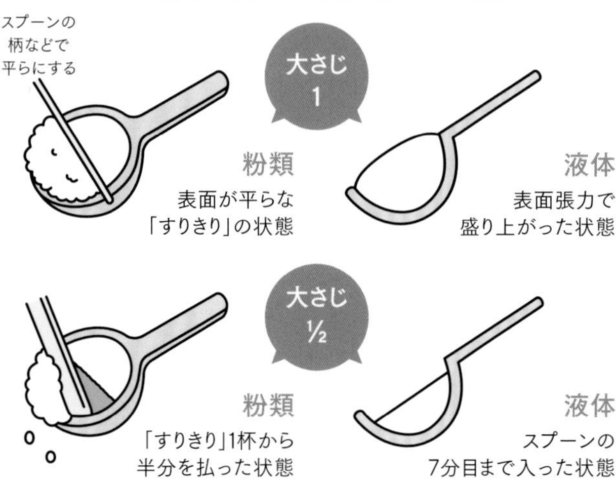

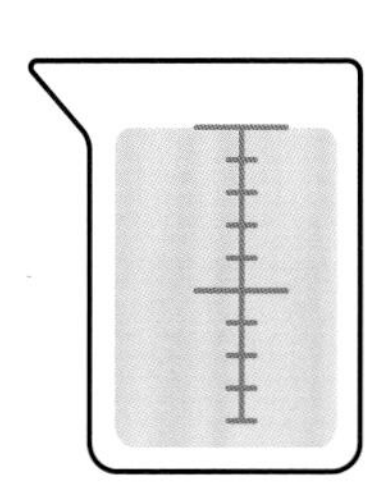

量が増えたら計量カップで

1カップ＝200ml

1カップ

粉類は表面を平らにして。
液体は真横から
目盛りを見てはかります。

ほんの少しなら指で

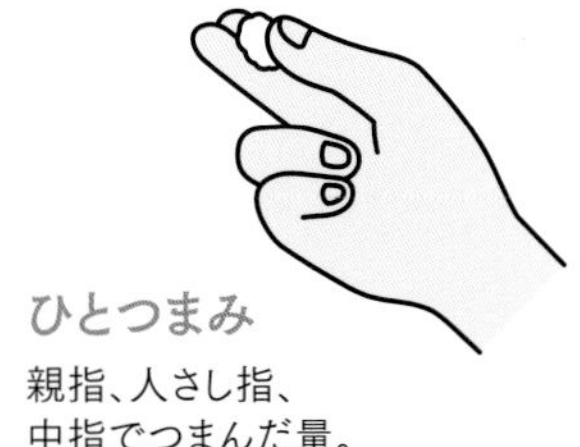

ひとつまみ

親指、人さし指、
中指でつまんだ量。

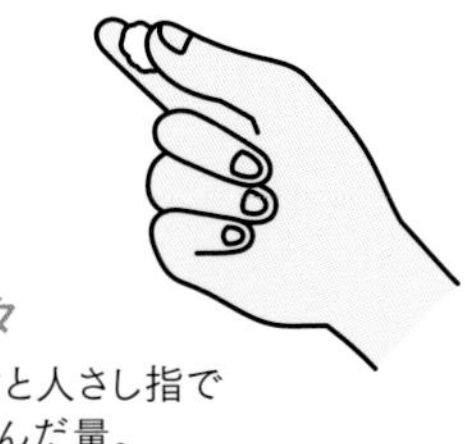

少々

親指と人さし指で
つまんだ量。

包丁の使い方

包丁を動かしやすい姿勢

まな板から握りこぶし1つ分ほどあけて並行に立ち、利き手側の足を半歩後ろに引きます。

安定して切れる握り方

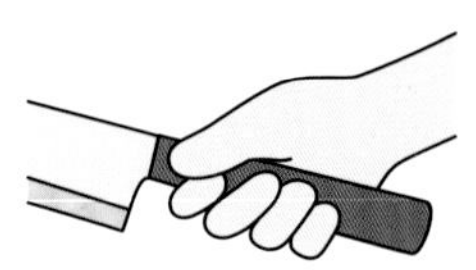

親指と人差し指で包丁の柄の付け根部分を挟み、残りの指でしっかりと柄を握ります。

包丁の動かし方

やわらかい肉や刺身などは刃元から入れ、刃全体を手前にすっと引くときれいに切れます。

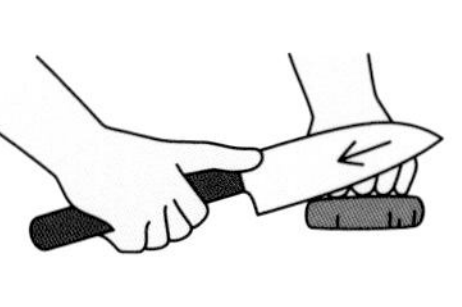

野菜や固い肉などは刃先を斜めに入れ、押し出します。食材を押さえる側の指は軽く曲げて。

主な切り方

みじん切り

細かく刻むこと。

玉ねぎは縦半分に切り、根元を残し、繊維に沿って細かく切れ目を入れます。次に包丁を寝かせて横に2～3本切れ目を入れ、端から刻みます。

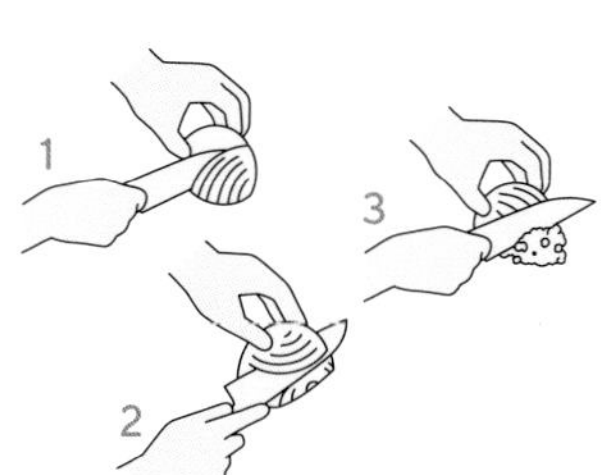

薄切り

1～2mm幅で薄く切ること。

繊維に沿って切ると食感が残り、繊維と垂直に切るとやわらかい食感に。

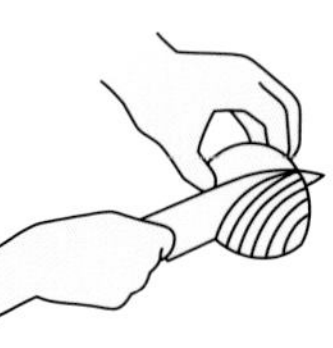

せん切り

細かく線状に切ること。

キャベツは葉を数枚重ねて丸め、端から細く切ります。大根やにんじんなどは薄切りにしてずらして重ね、端から細く切ります。

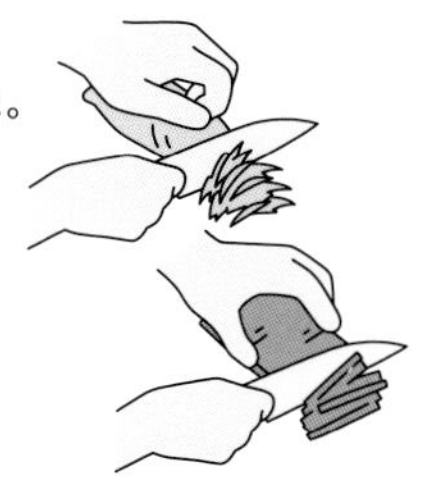

乱切り

野菜を不規則な形に切ること。

きゅうりなど細い野菜はそのまま、大根など太い野菜は縦に2～4等分にして、回しながら斜め45度に切っていきます。

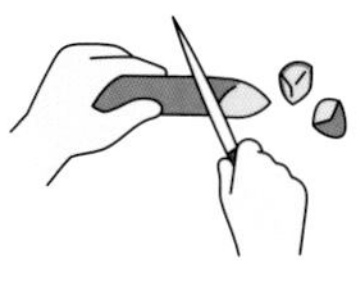

無駄にせず食べ切るための 食品保存の基本

食品を安全においしく食べるには保存の知識が欠かせません。安い日に買って上手に保存すれば節約にもなります。

食材を買ってきたらどうする?

野菜

基本は冷蔵庫で保存しますが、低温環境に弱い野菜は常温で。傷みやすい野菜は冷凍しても。

常温で保存する野菜は冷暗所に

- 玉ねぎ、ごぼう、かぼちゃなどの根菜
- じゃがいも、さつまいもなどのいも類

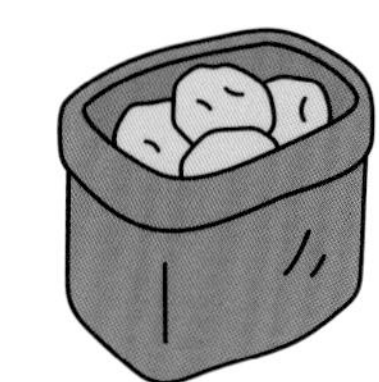

土がついているならそのままで。紙袋などに入れ、直射日光が当たらない風通しのよい場所で保存。カットした後はラップして冷蔵庫へ。

夏野菜や葉物野菜は紙に包んで冷蔵庫に

- なす、トマト、ピーマンなどの夏野菜
- 小松菜、ほうれん草などの葉物野菜

寒さに弱い夏野菜はキッチンペーパーで包んで。葉物野菜は乾燥しやすいので濡らしたキッチンペーパーで包んでビニール袋に入れます。

米

冷暗所か、密閉容器に移して冷蔵庫の野菜室で保存を。精米年月日から春夏は1か月、秋冬は2か月で食べ切るのがおすすめ。

肉、魚、卵、加工食品など

ラベル記載の消費期限（安全に食べられる期限）、賞味期限（おいしく食べられる期限）、保存方法に従って。冷凍可能な食品も。

すぐに食べない食品は冷凍保存を

パン

1枚または1個ずつ（大きいパンはカットして）ラップで包み、冷凍用保存袋に入れて冷凍庫に入れます。パッケージの袋のまま冷凍するのはNG。保存期間は2～3週間が目安。

解凍　基本は自然解凍してから、トースターへ。1枚なら凍ったまま焼いてもOK。

炊いたごはん

あたたかいうちに、1膳分ずつラップに平たく広げて包むか、冷凍用の容器に入れて。冷めたら冷凍庫に入れます。保存期間は白米なら1か月、炊き込みごはんは2週間程度が目安。

解凍　電子レンジで1分半ほど加熱し、ほぐして茶碗に入れてから40秒ほど加熱を。

野菜

基本は洗って使いやすい大きさに切り（ほうれん草などはゆでてから冷凍すると色落ち防止に）、水気を拭いてから冷凍用保存袋に入れて冷凍庫へ。保存期間は3週間が目安。

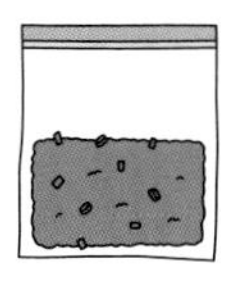

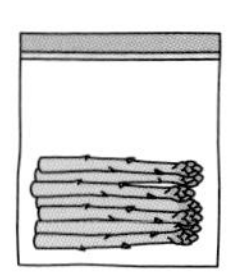

解凍　生で冷凍した野菜は凍ったまま調理。下ゆで野菜は袋のまま流水に当てて解凍。

カット肉・ひき肉・魚の切り身

買ってすぐの新鮮なうちにキッチンペーパーで水気を拭き取り、1食分ずつ小分けにしてラップで包み、冷凍用保存袋に入れて冷凍庫に入れます。保存期間は3～4週間が目安。

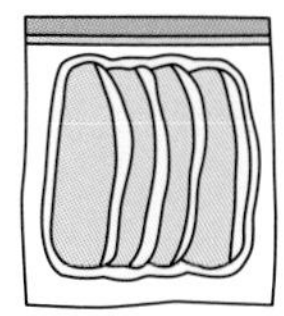

解凍　冷蔵庫に移して自然解凍させるのがベター。急ぐときは電子レンジの解凍機能で。

こんな食材も冷凍できる!

トマト缶やピザ用チーズも冷凍用保存袋に入れて冷凍すれば1か月ほど保存可能。チーズは冷凍1時間後に振るとくっつき防止に。

冷凍保存に向かない野菜

レタスやベビーリーフ、トマトなどの水分の多い野菜や、ごぼう、じゃがいも、大根、にんじんなどの根菜は冷凍に不向きです。

自炊の最初の一歩

一汁一菜からスタート

初めから何品も作ろうとすると途中で挫折することも。自分でごはんとみそ汁を用意して市販のおかずを足すだけでもOK。

まずはごはんを炊いてみよう

1 正しく計量する

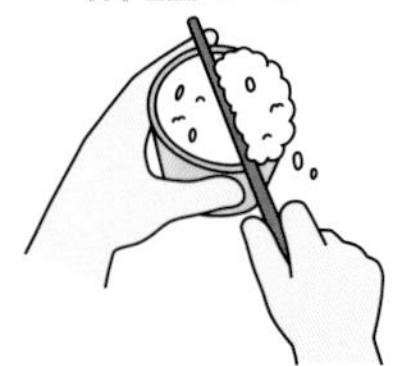

1合は200mlではなく180ml。専用の計量カップを使うと間違えません。米1合で茶碗大盛り2杯分くらいになります。

2 米とぎのポイント

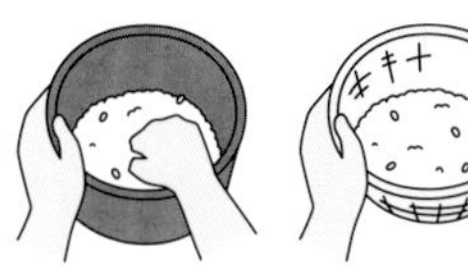

ボウルに米と水を入れ、数回かき混ぜてすぐに水を捨てます。また水を入れてよくかき混ぜ、水を捨てることを3～4回繰り返します。

3 水に浸すとふっくらごはんに

炊飯器の釜に米を移し、米の分量の目盛りまで水を加え、夏は30分、冬は1時間ほど水に浸して炊飯器にセットし、炊き始めます。

4 ほぐしの一手間が大事

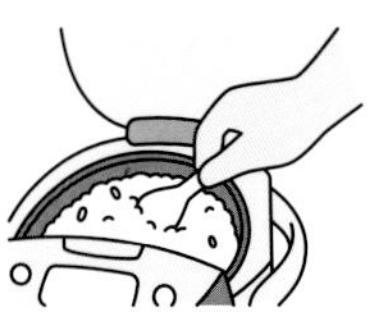

炊き上がったら、しゃもじで底からふんわり返してほぐすと、余分な蒸気が抜けてべちゃっとせず、おいしいごはんになります。

簡単なみそ汁を作ってみよう

1 水（だし）を火にかける

水の分量は1人分＝200mlが目安。だしは和風顆粒だしを使うと簡単。肉やきのこなどだしの出る具材なら和風顆粒だしなしでOK。

2 具材を煮てみそを溶かす

豆腐、わかめ、野菜など好みの具材を入れてやわらかくなるまで煮て、火を止めてみそ（1人分なら大さじ1）を溶かしながら入れます。

具だくさんみそ汁のすすめ

豚汁のように具だくさんのみそ汁ならおかずがわりに！
みそは煮立たせると香りや風味がとぶので、最後に入れて。

＼海藻で食物繊維もとれる！／
わかめ豚汁

材料（2食分）

- 豚バラ薄切り肉……80ｇ
- 玉ねぎ……½個（100ｇ）
- 乾燥わかめ……大さじ1
- サラダ油……小さじ1
- 水……400ml
- みそ……大さじ2

作り方

1. 玉ねぎは皮をむいて1cm幅の薄切りにする。豚肉は3cmくらいの長さに切る。
2. 鍋にサラダ油を入れて中火で熱し、豚肉を入れて色が白っぽくなるまで炒める。玉ねぎを加え、しんなりするまで炒める。
3. 水を加え、煮立ったらアクをとり、ふたをして弱火で5分ほど煮る。
4. 乾燥わかめを加えて火を止め、みそを溶かしながら入れる。

ARRANGE 1

キャベツともやしのピリ辛にんにく豚汁

豚ひき肉80ｇを炒め、肉の色が変わったら、ちぎったキャベツの葉3～4枚ともやし½袋を入れて炒める。水400mlを加えて弱火で3分ほど煮て、みそ大さじ2を入れる。仕上げにチューブにんにく少々、ラー油数滴を入れる。

ARRANGE 2

トマトバターコーン豚汁

豚こま切れ肉80ｇを炒め、肉の色が変わったらくし形に切ったトマト1個、コーン大さじ2を加えさっと炒める。水400mlを入れて弱火で5分ほど煮て、みそ大さじ2を入れる。コーンは冷凍でも缶詰でもパウチでも可。仕上げにバター5ｇを入れる。

火を使うことに慣れて「炒める」をマスターしよう

火を使った料理があると食事の満足度がぐんとアップ。家にある材料を炒めるだけでも立派な一食が完成します。

最初に火加減を覚えよう

弱火

コンロの炎が鍋などの底に直接当たらないくらいの火加減。IH調理器では150℃くらいの設定。長時間ゆっくり煮込む調理などに使用。

弱火よりもさらに弱い炎は「とろ火」といいます

中火

コンロの炎が鍋などの底に直接当たるくらいの火加減。IH調理器では160～180℃くらいの設定。多くの調理では中火が基本。

炒め物などでは少し火を強めた「強めの中火」にすることも

強火

コンロの炎が鍋などの底全体に当たるくらいの火加減。IH調理器では200～230℃くらいの設定。急いでお湯を沸かすときなどに使用。

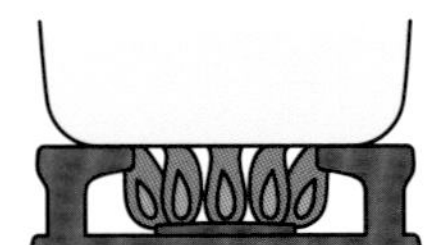

炎が底からはみ出したら火が強すぎる状態なので弱めて

炒め物のポイント

空焚き禁止！

テフロン加工のフライパンは空焚きすると素材を傷めるので、油を入れてから熱して。しっかり温まったら食材を入れましょう。

火が通りにくいものから

基本的に肉や魚→野菜の順。野菜は火が通りにくいにんじん、玉ねぎ、キャベツなどを先に、すぐに火が通るにらやもやしなどは後に投入。

基本は中火！

炒め物は強火と思われがちですが、下処理を適切に行わないと、表面だけ焦げて中は火が通らず失敗しやすいので、中火か強めの中火で。

材料の水気をとる

水気が残っているとべちゃっとした仕上がりに。材料を洗ったり下ゆでしたりしたら、ザルでよく水切りするかキッチンペーパーで拭いて。

《フライパンでチャーハンを作ってみよう》

溶き卵を絡めたごはんは、火が通るとパラパラに。
ふわっと軽い絶品チャーハンが完成します。

＼シャキシャキおいしい／

ベーコンレタスチャーハン

シンプルでおいしいのがおうちごはん

材料（1人分）

温かいごはん	茶碗大盛り1杯（200g）
ハーフベーコン	2枚
レタス	3枚
卵	1個
塩	ひとつまみ
サラダ油	大さじ1
酒	小さじ2
しょうゆ	小さじ2

作り方

1 ベーコンは1cm幅に切る。ボウルに卵を入れて溶き、ごはん、塩を加えて混ぜる。
2 フライパンにサラダ油を入れて中火で熱し、ベーコンとごはんを入れて炒め、卵に火が通ってパラパラになったら、レタスをちぎり入れ、さっと炒める。
3 酒、しょうゆを加え、全体に行き渡るまで炒める。

しょうゆはフライパンのふちから回し入れて。香りがたち、香ばしく仕上がります。

ターナーや調理用スプーンなどで切るように混ぜながら炒めます。

COLUMN

小さな野菜おかずのアイディア帳

ビタミンやミネラル豊富な野菜は積極的にとりたいもの。
まとめて下ごしらえしてアレンジすれば、飽きずに食べられます。

ゆで野菜をストックしておこう

鮮度が落ちやすい青菜やブロッコリーは新鮮なうちにゆでておくとおいしさがキープ。

ブロッコリー

小房に分けて固めに塩ゆでし、水気をよく切って。保存容器に入れ、冷蔵庫で2日ほど保存可能。冷凍なら1か月ほど保存できますが、食感が変わるので炒め物などにするのが◎。

アレンジ

- **グラタン風**
  マヨネーズ、ツナ、ピザ用チーズをのせて
  オーブントースターでこんがり
- **卵炒め**
  マヨネーズで炒め、溶き卵を入れて
  ざっと混ぜ、塩、こしょうで味付け

ほうれん草

固めに塩ゆでして食べやすい大きさに切り、水気をしっかり絞って。保存容器に入れ、冷蔵庫で2日ほど保存可能。冷凍用保存袋に入れて冷凍すれば1か月ほど保存可能。

アレンジ

- **さっぱりおひたし**
  ポン酢をかけるだけ！
- **ナムル風**
  韓国のり、鶏ガラスープの素、
  ごま油を混ぜて

野菜をカットして冷凍しておこう

よく使う野菜などを食べやすい大きさに切って冷凍しておくと、すぐに料理できます。

きのこミックス

根元を切って食べやすい大きさにカットorほぐしたきのこを冷凍用保存袋に入れると、冷凍庫で1か月ほど保存可能。しめじ、エリンギなど数種類のきのこをミックスしても。

アレンジ

- **きのこのスープ**
  水＋コンソメを沸かしてきのこを入れ、
  塩、こしょうで味付け
- **バターソテー**
  バターでベーコンと炒めて、
  しょうゆで味付け

パプリカミックス

ヘタや種を取り、食べやすく切ったパプリカを冷凍用保存袋に入れると、冷凍庫で1か月ほど保存可能。赤、黄など複数の色を交ぜるときれい。食感が変わるので炒め物がおすすめ。

アレンジ

- **ソーセージ炒め**
  パプリカは冷凍したまま入れてOK
- **きんぴら**
  ごま油で炒めて砂糖、しょうゆ、みりんで
  味付け

忙しい毎日の強い味方！電子レンジをもっと活用

コンロの口数が少ないおうちでは電子レンジも立派な戦力。温め専用なんてもったいない！ごはん作りに役立てましょう。

ひとり暮らしのおすすめキッチン家電

炊飯器

ひとり暮らしなら3合炊ければ十分。ごはんはもちろん、煮物などの調理にも。セットすれば、あとはほったらかしで調理できるのも◎。

電子レンジ

冷凍ごはんの解凍やお弁当の温め直しに活躍するほか、野菜の下ゆでや豆腐の水切りなどの下ごしらえから調理まで幅広く使えます。

オーブントースター

パンをよく食べるなら持っておきたい家電。グラタンやホイル焼き、パン粉焼きなども作れるので、料理の幅が広がります。

電気ケトル

0.6～0.8Lくらいの容量がひとり向き。コンロでおかずを作っている間にお湯を沸かせば、インスタントスープやみそ汁を添えられます。

電子レンジはここに注意！

破裂や突然の沸騰に注意

- 殻付き生卵、ゆで卵、目玉焼き→電子レンジ禁止。ただし生卵は割りほぐせばOK
- 栗、ぎんなん、ソーセージなど殻や皮、膜のある食材→割れ目、切れ目を入れてから加熱
- 栓やふた付きの容器→栓やふたを外してから加熱
- 飲み物やスープなど→急に沸騰して火傷することも。ラップして様子を見ながら加熱

W（ワット）数に注意

レシピの設定と家の電子レンジのW数が違うなら加熱時間の調整を。500W→600Wなら1.2倍、600W→500Wなら0.8倍にします。

使えない容器に注意

器や容器を買うときは電子レンジ可能か確認を。耐熱性のない容器やアルミホイル、金属容器、漆器などは使えないので使用は避けて。

電子レンジで夜ごはんを作ってみよう

料理してそのまま食卓に出せるので、洗い物もラクになります。
ラップはピチッとかけると破裂の恐れがあるのでふんわりと。

＼ ブロッコリーで彩りアップ ／

明太クリームうどん

材料（1人分）

冷凍うどん……1玉
明太子……½本
ブロッコリー……4～5房
片栗粉……小さじ1
めんつゆ（3倍濃縮）……大さじ1
牛乳……100ml

作り方

1 ブロッコリーは粗みじん切りにする。明太子は切り込みを入れ、中身を取り出す。
2 耐熱容器に片栗粉、めんつゆを入れてよく混ぜ、牛乳を加えて混ぜる。ブロッコリー、さっと水でぬらした冷凍うどんを入れ、ふんわりとラップし、電子レンジ（600W）で火が通るまで6～7分加熱する。
3 とろみがつくまで手早く混ぜ、明太子を加えてさっと混ぜる。

［加熱後はすぐに取り出して手早く混ぜること。次第にとろみがつきます。］

＼ しっとりジューシー！ ／

レンジ鶏チャーシュー

［冷めるまで置くことで味がよくしみます。そのままでももちろん、丼にするのもおすすめ。］

材料（1人分）

鶏もも肉……小1枚（200ｇ）
A 酒……大さじ1
A 砂糖……大さじ1
A しょうゆ……大さじ1と½

作り方

1 鶏肉全体にフォークを刺して穴をあける。
2 耐熱容器に**A**を入れて混ぜ、鶏肉を入れてからめる。皮目を下にしてふんわりとラップし、電子レンジ（600W）で火が通るまで5分ほど加熱する。肉の色が完全に変わっていなければ30秒ずつ追加で加熱する。
3 時々煮汁をからめながら冷めるまでおき、食べやすい大きさに切る。

電子レンジで朝ごはんを作ってみよう

つきっきりにならなくていい電子レンジは忙しい朝にぴったり。
朝ごはん作りと身支度を同時進行でできます！

＼マグカップで／ ハムチーズ フレンチトースト

マグカップ1つでできるから簡単！

材料（1人分）

材料	分量
食パン（6枚切り）	1枚
卵	1個
ハム	2枚
ピザ用チーズ	10g
A 牛乳	80ml
A 塩	ひとつまみ

作り方

1 マグカップに卵、**A**を入れて混ぜ、食パン、ハムを食べやすい大きさにちぎって加え、軽く混ぜて浸す。

2 ピザ用チーズをのせ、ラップをせずに、電子レンジ（600W）で2分30秒〜3分、卵液が固まるまで加熱する。あればこしょうやパセリをふる。

ARRANGE 1 トマトチーズ フレンチトースト

マグカップに卵1個と無塩トマトジュース80ml、顆粒コンソメ小さじ¼、塩ひとつまみを入れて混ぜ、食パン1枚、ソーセージ2本をちぎって加え混ぜる。あとは「ハムチーズフレンチトースト」の**2**と同様に。

ARRANGE 2 バナナカフェオレ フレンチトースト

マグカップに卵1個と市販のカフェオレ80ml、砂糖小さじ1を入れて混ぜ、食パン1枚、輪切りにしたバナナ½本を加えて混ぜる。ラップをせずに電子レンジで2分30秒〜3分加熱し、はちみつ適量をかける。

節約効果を期待するなら

お弁当生活にチャレンジ！

お弁当は節約になるのはもちろん、健康や美容にもプラスになります。頑張りすぎると続かないので、時には簡単メニューで手抜きして。

お弁当作りのコツ

隙間ができない詰め方

最初はごはんから。お弁当箱に仕切りがなければ端が斜めなるようにします。次に大きいおかずを詰め、隙間に小さいおかずを入れます。

衛生面に注意

食中毒を防ぐために、おかずはしっかり中心部まで火を通して。汁気もよく切ります。ごはんもおかずも冷ましてから詰めましょう。

夜ごはんの残りも活用

夜ごはんのおかずを多めに作ってスライドするとラクちん。翌朝お弁当箱に詰める前に電子レンジなどで再加熱して殺菌すると安心です。

野菜のおかずでカラフルに

ゆでたブロッコリーやいんげん、ミニトマトを入れると彩りも栄養もアップ。慣れてきたら青菜のごまあえやソテーなどの簡単おかずを。

忙しい日は手を抜いて

便利な冷凍おにぎり

おにぎりをラップで包み、冷凍しておくと忙しい日の助っ人に。具材は梅干しや鮭が◎。電子レンジで解凍してから持っていきましょう。

スープジャーは強い味方

具だくさんのスープや味噌汁にごはんやおにぎり、パンを添えるだけでも立派なランチ。保温効果の高いスープジャーがあると便利です。

簡単なお弁当から作ってみよう

肉も野菜も一度にとれる丼メニューは簡単弁当にぴったり。
同じ材料でも調味料を変えれば何通りにも楽しめます。

＼ 食べ応え満点！ ／

しょうが焼き丼弁当

しょうが焼きをごはんにのせて丼風に。汁がしみたごはんも美味！

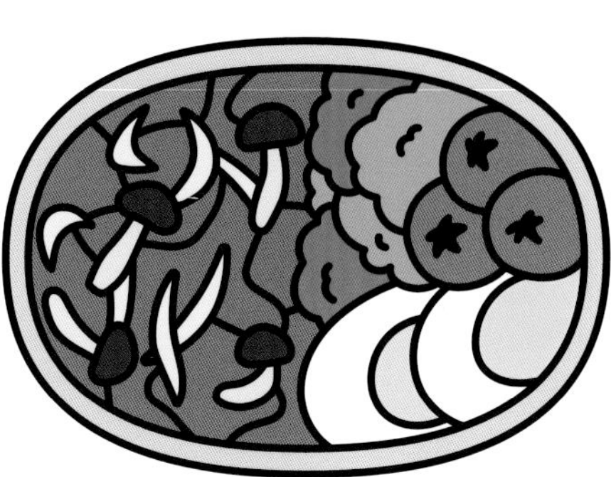

材料（1人分）

ごはん		丼1杯分
豚こま切れ肉		100g
玉ねぎ		¼個
しめじ		½パック
塩		少々
片栗粉		大さじ½
サラダ油		大さじ½
A	めんつゆ（3倍濃縮）	大さじ1
	チューブしょうが	小さじ1

作り方

1 玉ねぎは皮をむいて5mm幅の薄切りにする。しめじは根元を切り落としてほぐす。豚肉は塩、片栗粉をまぶす。

2 フライパンにサラダ油を入れて中火で熱し、豚肉を加え、肉の色が変わるまで炒める。玉ねぎ、しめじを入れてしんなりするまで炒め、**A**を加えてからめる。

3 弁当箱にごはんを詰め、**2**をのせる。お好みでゆでたブロッコリーやミニトマト、ゆで卵などを添える。

ARRANGE 1

ポークチャップ丼弁当

作り方は「しょうが焼き丼弁当」と同じ。
Aをケチャップ大さじ1、砂糖小さじ½、塩少々に変える。

ARRANGE 2

豚と玉ねぎのマヨポン酢丼弁当

作り方は「しょうが焼き丼弁当」と同じ。
Aをマヨネーズ小さじ1、ポン酢大さじ1に変える。

プロに聞く、メリットやポイント

自炊生活Q＆A

この章を監修した
料理研究家の池田美希さんに
自炊生活で抱きがちな疑問を
聞いてみました。

入門編

自炊ってやっぱり始めた方がよい？

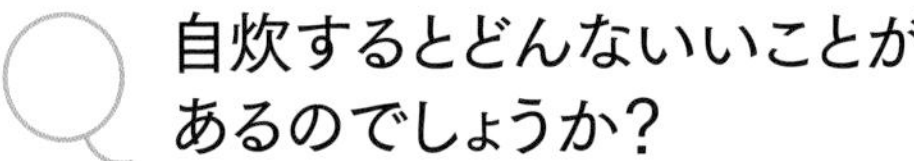

Q 自炊するとどんないいことがあるのでしょうか？

A 第一に節約ですが、自信にもつながります。

外食はどうしてもお金がかかります。出費を抑えようとファストフードなどに頼ると、今度は栄養が偏る恐れが。
自炊は自立の第一歩。自分の力でお金や健康を管理することにもつながり、自信になります。
私は実家に料理の相談をすることでホームシックもまぎれました。

Q ひとり暮らしの自炊はコスパが悪くないですか？

A 自炊回数を増やすほど、節約効果は上がります。

週に1、2回程度だと材料が無駄になりやすく、高くつくことも。
回数を増やすことで材料を使い切ることができ、1食あたりの費用も減ります。
材料も最初は1～2日で使う分だけ買うことをおすすめしますが、慣れてきたら多めに買って冷凍などするとさらに節約になります。

実践編 こんなときどうする?

Q 栄養バランスのとり方がわかりません。

A 彩りでチェックするとわかりやすいです。

食事でとりたいのは❶炭水化物（ごはん、パン、めんなど）、❷たんぱく質、脂質（肉、魚、卵、豆腐など）、❸ビタミンやミネラル、食物繊維（野菜、きのこ、海藻など）。❶〜❸（特に野菜）を網羅すると食卓が自然にカラフルになるので、チェックの目安になります。

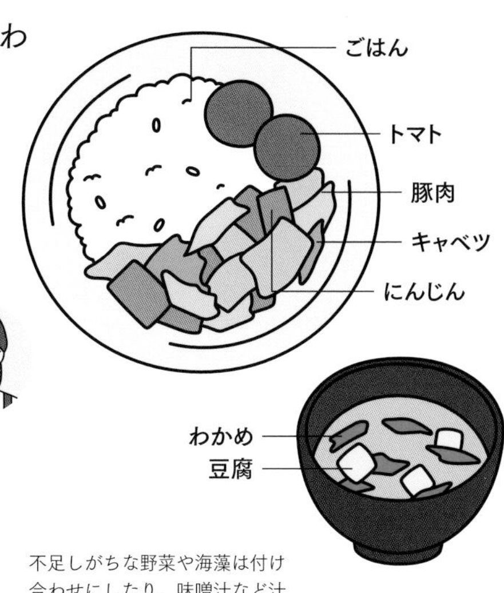

不足しがちな野菜や海藻は付け合わせにしたり、味噌汁など汁ものにすると無理なくとれます。

Q 衛生上で気をつけた方がいいことはありますか?

A 食中毒対策として清潔習慣を身につけましょう。

まず意識したいのは❶調理前後や途中で手を洗う、❷生の肉や魚、卵を触った手でサラダなど生食するものや調理済みの料理を触らない、❸肉や魚など加熱して調理する食品は中までしっかり火を通す、の3つ。できれば野菜用と肉・魚用のまな板、2種類あると安心です。

Q 自炊がなかなか続きません…。

A 完璧を目指さない! 便利なものにも頼りましょう。

ごはんと汁物だけでもOK。おかずを一品作れたら上出来です。市販のおかずや冷凍食品で補ったり、電子レンジや炊飯器などの家電を活用したりして、無理なく続けましょう。
また、おいしく作れないと挫折しやすいので、最初はレシピどおりに作ることも大切です。

＼マンガ／
ひとり暮らしあるある3「」

PART
▼
5

監修／
福一由紀

ひとり暮らしのお金事情

まずは現状を知ることから

ひとり暮らしのお金、どれくらいかかる？

ひとり暮らしを始めると出費の多さに驚くはず。まずは自分が何にどれくらい使っているのか把握しましょう。

ひとり暮らしにはどんな費用がかかる？

毎月決まった額を支払う 固定費

水道・ガス・電気代

エアコンをよく使う冬や夏は電気料金が上がるなど、季節によって変動があるので注意。

住居費（家賃）

一般的に「手取り収入の3割程度が目安」と言われますが、都市部ではオーバーすることも。

交通費

通勤・通学の定期券代や車の駐車場代などは固定費。イレギュラーな交通費は生活費に分類。

通信費

スマホ代やネット接続のプロバイダー代など。料金設定を下げると効果的に節約できます。

その他、定期貯金や保険料、サブスク料金、NHK受信料なども固定費

社会保険料、住民税・所得税等

会社勤めなら基本的に給料から天引き。住民税は前年の所得にかかるため、社会人2年目から引かれることが多いです。

毎月かかる額が違う 生活費

日用品代

主にティッシュやラップ、洗剤等の消耗品代。セールなどを利用すると費用が抑えられます。

食費

収入の10 ～ 15％が目安。なるべく自炊中心の生活にすると、食費が抑えられます。

医療費などイレギュラーな出費に備え、予備費も確保しておくと安心

娯楽費

旅行や映画、音楽など、趣味やレジャーにかかる費用。計画を立てて使いすぎを防いで。

交際費

お祝い代など。友達との外食が多い人は交際費として管理し、赤字にならないように注意を。

服・美容代

服や靴、美容院、化粧品などにかかる費用。予算を決めて使いすぎないようにすると◎。

自分が毎月どれくらい使うか把握しよう

最初はノートや手帳に「どの費用に」「いくら」使ったかメモするだけでもOK。家計簿アプリ（P.132）を使うとさらに手軽。

まずは1か月の支出をチェック！

そもそも自分が毎月いくらくらい使っているかわからないと、どれくらい節約が必要なのか判断できません。試しに1か月間に使った費用をメモして、下の表を埋めてみましょう。

収入と支出のバランスが大事

都市部か地方か、家賃の安い社員寮に住めるかなど、事情によって支出も変わります。下表の平均額はあくまでも目安。まずは出費を自分の収入の範囲に収めることを目指して。

1か月にどのくらいのお金がかかる？

	自分の1か月にかかったお金を書き出してみよう	34歳以下の働いている人の平均額
住居費（家賃）	円	3万6,380円
水道・ガス・電気代	円	9,158円
通信費（プロバイダー代、携帯電話代など）	円	8,436円
交通費（自動車関係費を含む）	円	1万4,573円
社会保険料、住民税・所得税等	円	5万7,401円
食費（外食代を含む）	円	3万5,014円
日用品代	円	1,965円
服・美容代	円	1万3,759円
交際費	円	7,805円
娯楽費	円	2万2,488円
その他（医療費など）	円	1万1,340円

※平均額は総務省統計局「家計調査（単身）勤労者世帯34歳以下」（2022年）をもとに算出

かしこく使ってしっかり貯める お金のやりくりの基本

生活を支えるお金の管理も
ひとり暮らしの大切な要素。
「今、いくら使えるか」を
チェックする習慣を身につけて。

生活に使えるお金はどのくらい？

給料やバイト代、仕送りなど		毎月ほぼ定額でかかる費用		収入が入ったら使う前に貯金分を確保		予算内でやりくりできれば◎
収入	－	固定費	－	貯金や投資費用	＝	生活費

1 上の公式に自分の収入、固定費、貯金や投資費用を当てはめ、生活費の予算を計算。
2 P.131で書き出した1か月の生活費が1の予算に収まっているかチェック。
3 予算をオーバーしているなら、固定費や生活費の見直し＆節約を。

家計簿アプリでお金を管理しよう

家計簿って何のためにつけるの？

自分がいつ、何に、いくら使ったか記録することで、毎月必要なお金を把握できるほか、節約できるポイントなども見えてきます。

家計簿アプリのすすめ

家計簿も市販されていますが、まめに記録する時間が取れない人にはアプリがおすすめ。出費の入力や支出の計算が簡単にできます。

現金での買い物が多いなら、レシート読み込み機能のついたアプリがgood！

キャッシュレス派はクレジットカードなどと連携しているアプリが便利。

家計簿アプリを使ってやりくり 1か月チャレンジ

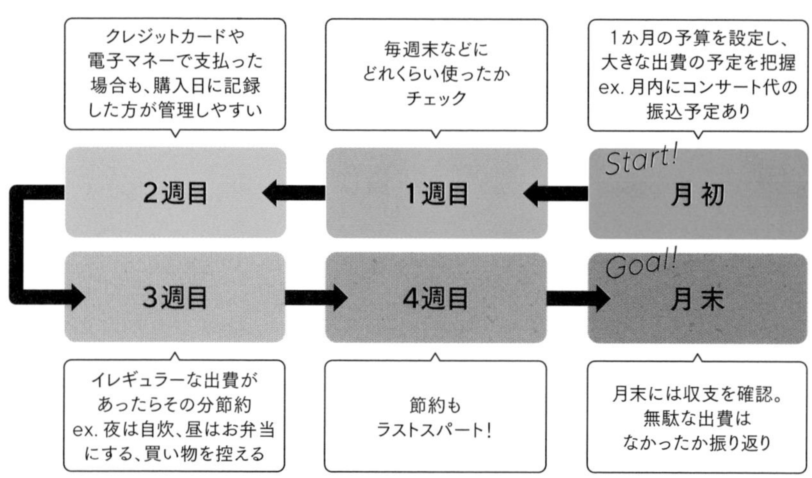

ひとり暮らしの節約アイディア

サブスクを見直す

動画配信コンテンツや音楽視聴サービス、スマホアプリなど課金しているサービスは定期的に見直し、使用頻度の低いものは解約を。

携帯キャリアを変える

意外と高額な携帯電話代。大手キャリアと契約している人は、格安キャリアに変えるだけで固定費が大幅に節約できる可能性が。

プロパンガスより都市ガスが◎

都市部の場合、プロパンガスの方が料金が高くなる傾向が。部屋探しの際にチェックして都市ガスの物件を選ぶのがおすすめ。

フリマアプリを利用

欲しいものを安く買えるだけでなく、不要なものを売ることでお小遣いを増やすことができます。部屋の片付けにもなり一石二鳥。

買い物習慣を見直す

コンビニや自販機での買い物も、積み重ねると大きな出費に。新商品などを買うのがクセになっていることも。本当に必要か考えて。

食費は質を下げずに節約

安い食材ばかり食べるなど、極端な節制をすると健康を害することも。自炊や食材のまとめ買い&冷凍など、生活での工夫で節約を。

便利だからこそ気をつけたい

クレジットカード&電子マネー

上手に利用すればお得だけれどお金を使っている感覚がなくなるという落とし穴も。バランスよく利用しましょう。

クレジットカードはどうやって選ぶ？

「ポイント還元率」と「年会費」をチェック！

支払った額に対してもらえるポイントの割合を示すのが「還元率」。自分がよく使うお店での還元率が高いカードが◎。年会費が高いと元を取れないので無料のカードがおすすめ。

こんな特典やサービスも

カードによっては、レストランやお店での割引・還元率アップサービス、国内旅行傷害保険など魅力的な特典がつくことも。こうした特典を重視してカードを選ぶのもアリです。

楽天市場をよく利用するなら→「楽天カード」、コンビニやスタバをよく利用するなら→「三井住友カード(NL)」など、ポイントを貯めやすいカードを選んで。

リボ払いやキャッシングには手を出さない！

キャッシングで信用に傷がつくことも

「キャッシング」はクレジットカードを使ってATM等で現金を借りて引き出せるサービス。手軽に借りられますが、返済が遅れるとローン契約などにも悪影響が。

支払いが長引くリボ払い

「リボ払い」は設定した一定の金額を返済する方式。手数料（利息）が高く、リボ払いを繰り返すとなかなか元金が減らず、支払いが長期化するリスクがあります。

分割払いとリボ払いの違い

4月に3万円、5月に1万5000円の買い物をしたら

5か月目以降も返済が続く

	4月	5月	6月	7月	8月以降…
リボ払い 設定5000円	5000円 ＋手数料	5000円 ＋手数料	5000円 ＋手数料	5000円 ＋手数料	5000円 ＋手数料…
分割方式 3回払い	1万円 ＋手数料	1万5000円 ＋手数料	1万5000円 ＋手数料	5000円 ＋手数料	

電子マネーにはどんなものがある？

主な電子マネーの種類

種類	特徴	主なサービス
QRコード系	・QRコードやバーコードを提示、または読み取りで支払い ・ポイント還元や割り勘機能、個人間送金機能などのサービスがある場合も	au PAY、PayPay、d払い、楽天ペイ など
交通系	・交通機関が発行 ・電車やバス運賃だけでなくお店での買い物にも使用可能 ・エリア外でも相互利用できることも	Suica、ICOCA、Kitaca など
流通系	・スーパーやコンビニなど流通系の会社が発行 ・グループや系列店で買い物するとポイントが貯めやすい	nanaco、WAON など
クレジットカード系	・カードを決済端末にタッチして支払い ・クレジットカード、デビットカードなどで決済 ・クレジットカードのポイントが貯まる	iD、QUICPay など

電子マネーの支払い方式

種類	特徴	主なサービス
プリペイド型	事前に金額をチャージする方式。毎月決めた額をチャージするなど管理しやすいのが利点	Suica、PASMO、楽天Edy、nanaco、WAON、iD など
ポストペイ型	クレジットカードなどと連携し、使った分を後払いする方式。ポイントを貯められるのが◎	iD、QUICPay など
デビット型	銀行が発行するデビットカードと紐付き、使った分がすぐに口座から引き落とされる方式	iD など

電子マネーはどうやって選ぶ？

使う電子マネーは絞るのがおすすめ

多種類の電子マネーを使うより、よく利用するお店で使える2種類くらいに絞る方が、ポイントも効率よく貯まります。ただし、ポイント目的に無駄な買い物をしないように注意。

初心者は「プリペイド型」か「デビット型」を

「ポストペイ型」は、残高が足りなくなったらオートチャージ機能で自動チャージできるので便利な反面、使いすぎてしまう恐れも。決まった額しか使えない方が管理しやすいです。

貯金・投資・保険

将来に備えるお金とのつきあい方

毎月、赤字を出さずにやりくりできるようになったら先を見据えてお金の使い方を考えてみましょう。

貯金はどれくらいすればよい？

まずは収入の1割を貯金に

家賃にもよりますが、最初は毎月手取り収入の1割程度貯金するのを目標に。収入が上がったら、2割程度を貯金に回せると安心です。

奨学金を借りていたら返済を優先

利子をつけて返済するタイプの奨学金を借りている場合、早く返すほど利子も減るので、お金を貯めて返済に回すのがおすすめ。

目標設定でモチベーションアップ

旅行資金や車などの購入費を貯める、将来への不安をなくす…etc. 貯金の目的や目標額をなるべく具体的に考えるとやる気が出ます。

目標が決まったら、いつまでに貯めるか期限も設けると、毎月の貯金額の目安が見えてきます。

お金が貯まる仕組みを作ろう

「違う財布」に入れるのがコツ

定期預金にする、貯金用の口座に移す、会社の財形貯蓄制度を利用するなど、簡単にお金を下ろせないようにするのも貯金のコツ。

貯金は「先取り」が基本

余ったお金を貯める方式だとなかなか貯金は増えません。毎月使う前に決まった額を貯金に回し、残りのお金で生活しましょう。

ひとり暮らしで入った方がいい保険は?

損害賠償のリスクに備える

人のものを壊したときや自転車事故を起こした際に補償する「個人賠償責任保険」に入っておくと安心。家族全員が補償対象になるプランが多いので、実家が加入しているか確認を。

医療保険は家計に無理のない範囲で

医療費の負担を軽減してくれる医療保険。日本では公的医療保険により医療費の自己負担額が低いので、若いうちは無理せず、収入に余裕ができたら民間保険も検討しましょう。

保険には公的保険と民間保険がある

保険には、国が運営する公的保険（原則として強制加入）と保険会社が運営する民間保険（任意）があります。備えたいリスクを公的保険でカバーできなければ、民間保険の検討を。

公的保険と民間保険

リスク	公的保険（原則として強制加入）	民間保険（任意で加入）
けが、病気	公的医療保険（健康保険、高額療養費制度など）、医療費助成制度	傷害保険、医療保険、がん保険 など
業務上、通勤途中のけが、病気	労災保険	労働災害総合保険 など
老齢	公的年金（老齢年金）	個人年金保険 など
死亡	公的年金（遺族年金）	死亡保険 など
介護・認知症	公的年金（障害年金）、公的介護保険 など	介護保険、認知症保険 など
障害	公的年金（障害年金）、自立支援医療 など	身体障がい保険、所得保障保険、就業不能保障保険 など
失業	雇用保険	
偶然の事故や災害によって生じた損害		損害保険（自動車保険、火災保険、傷害保険、個人賠償責任保険など）

投資は始めた方がいい?

初心者でも挑戦しやすい積立投資

毎月金融商品を購入し続ける「積立投資」は少額から始められ、資金が少なくても挑戦しやすいのが特徴。国が作った非課税制度「NISA」「iDeCo」を活用するのがおすすめ。

証券会社と連携したクレジットカードを使えばポイントも貯められます

生活資金や緊急用のお金は残して

投資の方が銀行預金よりもお金が増える可能性はありますが、一方で損するリスクも。生活費や使う予定のお金、緊急用のお金は確保した上で余裕があるなら、その範囲で投資を。

お金のトラブル相談室

身近なところに危険がいっぱい

借金に手を出してしまったり、
高額な商品を売りつけられたり。
生活のあちこちにトラブルの種が。
深刻化する前に解決しましょう。

《借金にまつわるトラブル》

リボ払いが終わらないときは

手数料率が高いリボ払い。毎月の返済額が低いと残高があまり減らず、返済が長期化してしまいます。下記の方法を検討してみましょう。

1 毎月の返済額を増やすか、繰上げ返済をして残高を減らす
2 リボ払いよりも利息の低いカードローンからお金を借りて、リボ払いを完済する（借金がなくなったことにはならないので注意）
3 弁護士や司法書士などの専門家に「任意整理」の手続きを依頼し、債権者と直接交渉して、返済期間の延長や利息のカットを求める（ただし、信用情報に事故情報が登録され、ローン審査などに影響が出るリスクも）

借金の連帯保証人を頼まれたら

連帯保証人を引き受けると、借金全額を返済する責任を負うことに。「自分も借金を抱えている」などどんな口実を使ってでも断ること。

友達がお金を返してくれないときは

友達同士だと借用書を作成していないケースも。返済期限を決めていなければ、メールやSNSで催促して、借金の存在や期限を認めてもらいましょう（やりとりは証拠として保存）。何度催促しても返済がなければ内容証明郵便を送り、最終的には法的手段の検討を。

契約のために借金を勧められたら

教材やエステなどの勧誘を受けて「高額で払えない」と断ると、借金して支払うように提案されることがあります。借金までする必要があるのかよく考え、不要ならきっぱり「いらない」と断りましょう。万が一契約してしまったら消費者ホットライン（188）に相談を。

《勧誘や悪質商法によるトラブル》

身に覚えのない商品が届いたら

注文や契約していない商品が一方的に送りつけられたら、処分してOK。事業主から金銭を請求されても支払いする義務は発生しません。

1 事業主から金銭を請求されても対応は不要。無視すること
2 支払い義務があると誤解して金銭を支払ってしまったら、返還の請求を。対応に困ったときは消費者ホットライン(188)に相談する

高額な商品を売りつけられたら

近年増加しているのが「投資になる」などの誘い文句で高額な商品を買わせられる被害。購入してしまったらすぐに契約の解除を。

1 商品開封後でも、訪問販売なら8日間、マルチ商法なら20日間以内はクーリング・オフ（契約解除）が可能なので、消費者ホットライン(188)に相談する
2 上記の期間を過ぎたとしても契約を解除できる場合もあるので、消費者ホットライン(188)に連絡する

《支払い滞納にまつわるトラブル》

スマホ代が支払えないときは

支払期日から7～10日後には請求書または督促状が届き、それでも支払わないと利用停止や強制解約に。深刻な事態になる前に対処を。

1 支払い期日に払えないと延滞利息が発生するほか、信用情報機関に異動情報として記録され、今後のローン審査などに影響することも。なるべく早く分割払いや支払い期日の延長をキャリアに相談する
2 今後も支払いが難しい場合は、料金プランを見直す、格安SIM等に乗り換えるなどの対策をとる

家賃が支払えないときは

家賃を滞納すると延滞損害金が発生し、3か月が経過すると賃貸借契約を解除されることも。早めに対策を取ることが大切です。

1 家賃を滞納したら、まずは大家さんや管理会社に連絡。滞納の理由を説明し、支払いできる時期を伝える
2 延滞が発生すると連帯保証人や緊急連絡先にも確認が行くので、なるべく早く連絡し、状況を説明。お金がない場合は相談する
3 それでも支払いが困難であれば、役所などが主催する無料法律相談や日本司法支援センター（法テラス）などに相談する

マンガ ひとり暮らしあるある4「家計簿アプリ」

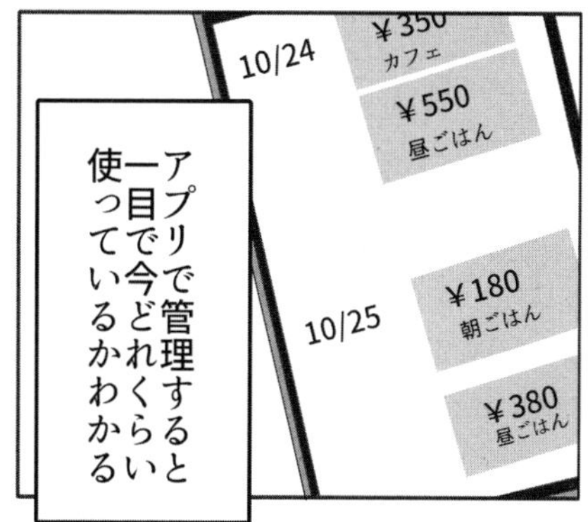

PART ▼ 6

ひとり暮らしの防犯・防災マニュアル

監修／
セコム・女性の安全委員会

家にいても油断大敵！

ひとり暮らしの防犯対策①　おうちの中編

「おうちの中にいれば安心」その過信が危険を招くことも。気を引き締めて侵入対策を。特に鍵のかけ忘れには注意！

《 在宅時に気をつけたい犯罪 》

押し込み強盗

点検業者や宅配業者を装うなど、さまざまな手口で玄関を開けさせて押し入り、金品を奪う強盗。帰宅時に玄関を開けた瞬間を狙われることも。

盗聴・盗撮

人間関係のトラブルなど、犯行動機はさまざま。なかには営利目的の犯行もあり、盗まれた情報がネット上に公開されてしまうケースも。

《 おうちの防衛力をアップ 》

- □ 入居の際は鍵交換をしてもらう
- □「在宅時は鍵をかける」を徹底
- □ ベランダや窓周辺に自転車など足場となるものを置かない
- □ 外から覗かれないようにドアスコープを市販のカバーで隠す
- □ 窓ガラスに防犯フィルムを貼る
- □ 窓や玄関ドアに補助錠をつける

侵入手口で最も多いものが無施錠のドアや窓からの侵入。窓も開けっぱなしは厳禁

防犯フィルムや補助錠は原状回復で問題が起こる可能性もあるので、事前に大家さんや管理会社に相談を

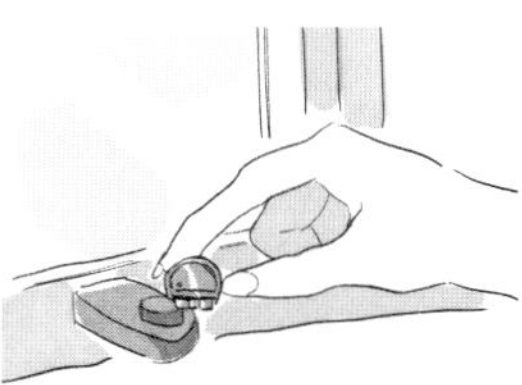

ひとつのドアや窓に錠を2つ以上つけることを「1ドア2ロック」といいます。錠が2つ以上あると侵入するのに手間がかかり、狙われにくくなります。

押し込み強盗に遭わないために

女性はこんな工夫も

帰宅時に「ただいま」と声を出す

男物の靴を置く

玄関にかわいい小物を置かない

エレベーターに乗るときは

乗る前に周囲に不審者がいないかチェック。見知らぬ人との同乗は避け、同じ階で降りる人がいたら、すぐに自宅に入るのは控えて。

オートロックでも油断しない

侵入者が住人とともにエントランスを通り抜けてしまう場合も。帰宅時は玄関の鍵を閉めるまで油断せず、不審者がいないか確認を。

宅配便の受け取りに注意

受け取り日時を指定し、予定外の訪問の場合は出ないこと。置き配や宅配ボックスを利用するのも手ですが、玄関を開ける際は警戒して。

予定外の訪問者が来たら

点検などを装って約束していない業者が来たら、インターホンやドアチェーン越しに対応し、管理会社や不動産会社に真偽の確認を。

盗聴・盗撮をされないために

盗聴の不安を感じたら

一見電源タップに見えるなど、素人には見つけにくい盗聴器。専門の業者に調査を依頼することも検討しましょう。

前の住人が残したものは使わない

引っ越し先に家電や家具、照明、電源タップ、リモコンなどが置かれていたら使わず、大家さんや管理会社に連絡しましょう。

入居時に確認する

コンセントや家電（テレビ、洗濯機、エアコンなど）の裏、照明のスイッチなどに不審な機器が付いていないか点検を。

掃除や整理整頓も大切

こまめに掃除や片付けをしていると、部屋の異変に気づきやすくなります。マンション・アパートの敷地内も不審な機器がないかいつも見ておきましょう。

身に覚えのないものは受け取らない

差出人が不明のものや、もらう予定のないもの…etc. 不審な郵便物やプレゼントに盗撮・盗聴器が仕掛けられていることも。

用心の積み重ねが大事！

ひとり暮らしの防犯対策②
おうちの外編

外の世界も危険がいっぱい。日頃から警戒することが大事です。留守中のおうちの安全にも気を配りましょう。

外出時に気をつけたい犯罪

不審者・痴漢・ストーカー

挙動のおかしい不審者や隙を狙う痴漢、つきまといをするストーカーなど、街には危険がいっぱい。人通りの少ない場所や夜道では警戒を。

空き巣

留守中の家を狙う泥棒は、事前に家の不在時間などを下見すると言われています。不在であることを悟られないようにしましょう。

通り魔

近年増えている通り魔事件。予測が難しいので、日頃から安全を意識して行動すること、早めに異変に気づいて身を守ることが大切です。

ひったくり

すれ違いざまにバッグを盗む事件が急増。特に女性は財布などの貴重品をまとめてバッグに入れることが多いため狙われやすいので注意して。

留守中のおうちを守る空き巣対策

- □ 短時間の外出でも必ず鍵をかける
- □ 窓やドアは「1ドア2ロック」にする（P.142）
- □ 家の周囲やポストをきれいに保つ
- □ 洗濯物は部屋干しにする
- □ 留守を悟られないように日中はレースのカーテンを
- □ 部屋の周辺に不審な数字や記号が書かれていたら消す

表札やポスト、ガス・水道メーターの裏などに残された数字や記号、見覚えのないシールは、泥棒の「マーキング」の可能性も

帰り道や街中で気をつけたいこと

「ながら歩き」はしない！

歩きながらスマホを見る、イヤホンで音楽を聴くなどの「ながら歩き」は注意散漫になり、危険を察知できなくなるのでやめましょう。

バッグは車道と反対側に持つ

ひったくり犯は自転車やバイクで後ろから近づくことが多いので、なるべく車道から離れて歩き、バッグは車道と反対側に抱えて。

危険を感じたらすぐに逃げる

通り魔事件が発生したらできるだけ素早くその場から離れてください。不審者に気づいたときも交番やコンビニなどに逃げ込んで。

防犯ブザーやアプリを携帯

防犯ブザーは目立つ位置に付けることで犯罪抑制効果も。ブザー機能などが付いた警視庁の防犯アプリ「Digi Police」もおすすめ。

ストーカーにはひとりで対処しない

ストーカー予防のためにできること

- よく知らない人に連絡先や自宅の場所を教えない
- 帰宅時間やルートを時々変える
- 防犯ブザーなどの防犯グッズを携帯
- SNSには個人情報を発信しない、時間差投稿をする(P.146)
- 危険を感じてもひとりで対応せず、周囲や警察に助けを求める
- ゴミを捨てる際は個人情報を隠す(P.90)

“これってストーカー？”

ストーカー行為は、つきまといや待ちぶせ、面会や交際の要求、無言電話などさまざま。不安を感じたらすぐに警察や周囲に相談を。警察相談専用電話「#9110」を利用しても。

警察にスムーズに相談するために

- 嫌がらせがあった日時や内容を記録
- 手紙や贈り物、メールや電話の着信履歴なども残しておく

個人情報流出、詐欺…etc.

ネットにまつわるトラブルを防ごう

ネットやSNSは便利な反面、危険とも隣り合わせ。不用意にトラブルや事件に巻き込まれないように警戒を。

ネットやSNSにはこんな危険が

SNSから起こるトラブル

誹謗中傷やネットストーカーなどSNSからトラブルが発生することも。SNSから個人情報が流出して悪用されるケースも多々あります。

急増するネット犯罪

URLをクリックすると料金を請求されるワンクリック詐欺や偽サイトに誘導して個人情報を盗むフィッシング詐欺など手口も多様化。

個人情報を守るために

パソコンやスマホのセキュリティ対策

- □ 個人情報を入力する際には、SSL方式で暗号化されていることを確認
- □ 個人情報を入力する場合、必須項目だけを入力
- □ 安易なパスワードにしない、使い回さない
- □ セキュリティソフトを導入＆定期的に更新
- □ OSやアプリのアップデートを行う
- □ 見覚えのないメールは開封しない、不審なURLはクリックしない

URLの始まりが「https://」で、アドレスバーに南京錠のマークのあるサイトであればOK

SNSで発信するときの注意ポイント

- □ 自分の現在地や留守を知られないように、時間差投稿を
- □ 友達の写真やアカウント情報のリンクの掲載は許可を取ってから
- □ 誰かを傷つける内容や、誤解を招くような内容を発信しない
- □ 情報の公開範囲を信頼できる相手だけに限定する
- □ 名前や勤務先、学校、住所、家族の情報などを出さない
- □ 自宅やよく行く場所がわかる写真は背景をぼかすなどの工夫を

ご近所トラブルを防ごう

騒音、ゴミ問題、臭い…etc.

ささいなことが原因で深刻な事態に発展する場合も。気遣いを持って生活することで大きなトラブルを防げます。

暮らしに潜むトラブルの原因

会話、電話での話し声、
音楽を流す音、洗濯機や
掃除機の音…etc.
いろいろな音が迷惑に

生活音や騒音

大声で騒ぐのは当然NGですが、壁や床が薄い集合住宅だと、テレビの音や家具を動かす音、足音などの生活音が近所迷惑になることも。

悪臭や臭い

においに対する感受性には個人差が。放置したゴミの悪臭やタバコの匂いはもちろん、洗濯物の柔軟剤の香りがトラブルに発展する場合も。

ゴミの出し方

収集日や収集場所、分別などのルールを守らないと、悪臭が漂ったり、カラスに襲撃されてゴミが散乱したり、集合住宅全体に被害が。

ご近所トラブルは「起こさない」「こじらせない」

トラブルを起こさない暮らしのコツ

- □ 近隣の住民と建物内で顔を合わせたときは挨拶を
- □ 大家さんや管理会社と良好な関係を保っておく
- □ 大きな音を立てないように注意する
- □ ゴミ捨てなど集合住宅のルールを守る

ご近所の迷惑行為に悩まされたら

- □ 直接苦情を言ったり、やり返したりしない
- □ 録音や写真、日付入りメモなど被害の証拠を集める
- □ 大家さんや管理会社に相談する
- □ 身の危険を感じたら警察へ相談

もしものときに備える

ひとり暮らしの防災対策①
地震・自然災害編

ある日、突然起こる自然災害。
ひとりのときに巻き込まれると
不安でパニックになることも。
日頃の準備や備えが大切です。

おうちで地震が起きたら どう行動する？

地震が起きたときは、まず身の安全を確保しましょう。

- □ テーブルや布団にもぐって頭を守る
- □ 浴室やトイレでは、頭を守りながら扉を開ける
- □ 揺れが収まったら、玄関ドアや窓を開けるなどの避難経路を確保
- □ 料理中に揺れを感じたら、一度キッチンから離れて安全な場所に移動
- □ 避難時は、電気のブレーカーを落としガスの元栓を閉める
- □ 身に及ぶ危険がなく、大きな被害がなければ自宅待機。生活できない場合は避難所へ
- □ 役所、警察、消防から避難の指示があったら一時集合場所や避難場所へ。自宅で生活できない場合は避難所へ（地域によって避難場所の呼称やタイミングが異なるのでハザードマップで確認を）

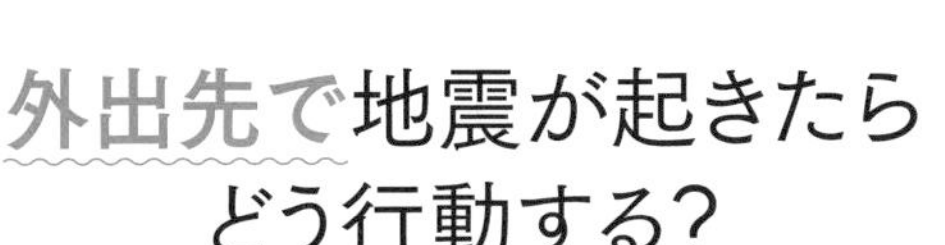

外出先で地震が起きたら どう行動する？

学校やオフィスにいるとき

デスクの下に隠れる。むやみに移動せず、被災直後は学校や勤務先の指示に従う。交通機関が止まって帰宅することが困難な場合は、早めに最寄りの避難所へ

路上

頭をバッグや上着などでガードして、建物からなるべく離れる。揺れが収まったら、公園など広い場所に避難

お店や駅など

頭をバッグや上着などでガードして、柱などに身を寄せる。揺れが収まったら店員や係員の指示に従って避難

普段から地震に備えておこう

おうちの中の地震対策

家具の転倒防止グッズや、扉用のストッパーなどを設置。ガラスには飛散防止フィルムを貼ると安心。厚手のスリッパも枕元に用意を。

被災時の連絡手段を相談しておこう

通信がつながりにくいときは災害用伝言ダイヤル「171」を利用するなど、家族や友達と連絡手段や待ち合わせ方法を決めておくと◎。

避難所と避難経路を確認しよう

自治体のサイトなどで自分が住む街や学校・職場付近の「地震ハザードマップ」を見て、予想される被害や避難所、避難経路をチェック。

非常持ち出し袋を用意しよう

最低限入れておきたい基本アイテム

- □ 食料
  缶詰やアルファ米など、ガスや電気がなくても食べられる食料を3日分程度
- □ 保存水
  500mlペットボトルを3本程度
- □ 懐中電灯
  乾電池不要の、手回しで充電できるタイプが便利
- □ 携帯ラジオ
  災害時の情報収集に必要。スマホの充電ができるタイプが便利
- □ 医薬品
  外用薬、消毒薬などのほか、必要があれば日常的に服用している薬

状況に合わせてプラス

携帯トイレ、ウェットティッシュなどの衛生用品、防寒具、レインコートなど

ベッドの横や玄関など、すぐに持ち出せる場所に置いておくこと。底の厚いスニーカーもセットで用意。

「1～2日生き延びられるアイテム」が基本

基本アイテムにプラスして、自分が必要なものを入れておくことが大切。状況や時期などに合わせてカスタマイズしましょう。

買い置きを非常食に

普段から食品を多めに買い置きしておき、災害時には非常食として活用を。食べたら買い足すのを繰り返せば賞味期限切れも防げます。

ex.
飲料水、インスタントヌードル、レトルト食品、缶詰、アルファ米、お菓子、野菜ジュース など

女性ならこんなものもあると便利

女性特有のアイテムなどは、救援物資として届くまで時間がかかることも。自分のライフスタイルに合ったものを入れておくと安心です。

ex.
生理用品、ドライシャンプー、カップ付きインナー、歯磨きシート、保湿クリーム など

いざというときに慌てない！

ひとり暮らしの防災対策②

火災編

ちょっとした油断が
火災につながることも。
火の元に注意するとともに
消火器の使い方も覚えて。

火事を起こさないために気をつけること

コンロまわりにものを置かない

タオルやペーパータオル、レシピ本などをコンロ近くに置いていると、火が燃え移ることも。なるべくコンロから離れたところに設置を。

そで口から着火することも

そでの広がった服や、フリルのついた服、長い髪などは危険。調理中は髪をまとめ、そで口をまくるか、防災素材のアームカバーを。

部屋のあちこちに火元あり

暖房やアロマキャンドルの消し忘れ、スプレー缶や消毒用アルコールを火器のそばで使って引火…etc. さまざまなことが火災の原因に。

コンセントにほこりを溜めない

電源プラグとコンセントの隙間に、ほこりがたまって発火する恐れが。電源コードの上に家具を置くなどの行為も危険です。

万が一服に火が着いたら、すぐに水道の水などをかけて消しましょう。

おうちでできる火災対策

マイ消火器を設置しよう

集合住宅の共用部分にも消火器が設置されていますが、すばやく消火するために、家庭用の消火器をリビングなどに備えておくと安心です。

火災警報器の場所をチェック

現在ではすべての住宅で火災警報器の設置が義務化されています。どこに火災警報器が設置されているかを確認しておきましょう。

おうちで火事が起きたら、どう行動する？

1 火元を確認

身の安全も確保したうえでどこの火災警報器が鳴ったのか、どこで何がどれくらい燃えているのか、可能な範囲で確認

2 119番通報する

火事が発生したことを伝えます。状況や連絡先も聞かれるので冷静に答えましょう

3 火事を知らせる

「火事です！逃げてください」と大きな声で叫ぶ、非常ベルを鳴らすなど、近くの人に危険を伝達

4 できるだけ消火活動をする

火が天井に達していなければ消火器で消火を（電気機器の発火ならブレーカーを落とす）

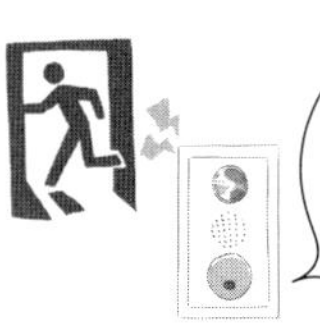

いざというときのために、非常階段や避難はしごの場所、非常ベルの位置を確認しておきましょう

5 現場から逃げる

天井まで火が達しているのなら即避難を。玄関から出られなければベランダの避難はしごなどを利用

消化器の使い方を覚えておこう

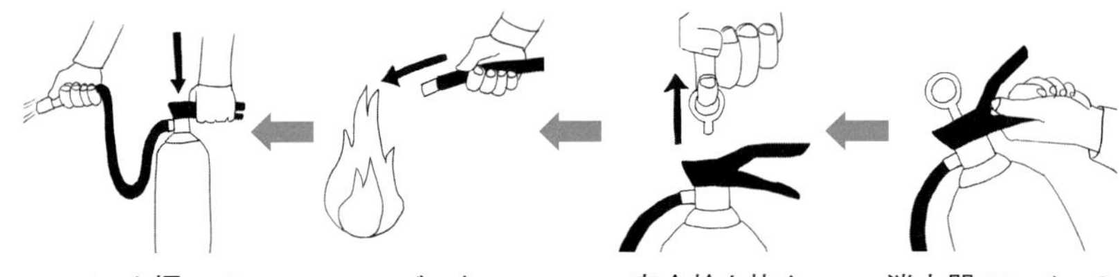

消火器のレバーの下側を持って運ぶ → 安全栓を抜く → ノズルを火元に向ける → レバーを握って消火剤を放射

逃げるときは一酸化炭素中毒に注意！

口と鼻をハンカチなどで覆う

煙が追いかけてこないようにドアを閉める

姿勢を低くして避難する

外で火災に遭ったら、どう行動する？

デパートや飲食店など施設内で火災に遭遇したら、施設の係員の指示に従って冷静に行動を。エレベーターやエスカレーターの使用は避け、避難用の階段を使いましょう。

ひとりだとなおさら不安に…

体調を崩したときは？

調子が悪くて動けないとき、
ひとりだと心細くなることも。
事前に心構えと準備をしておくと
いざというときに助かります。

体調不良やけがに備えて できること

救急箱を用意しておこう

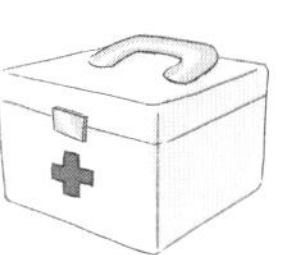

軽い不調や、けがの応急処置に対応できる程度の市販薬や衛生用品は揃えておきましょう。

用意しておきたい衛生用品

体温計／消毒液／ばんそうこう／包帯／ガーゼ／綿棒／はさみ／トゲ抜き／ピンセット／マスク／熱冷まし用冷却シート など

用意しておきたい薬

風邪薬／解熱剤／鎮痛剤／胃腸薬／外傷用のきず薬／かゆみ止めなどの塗り薬／目薬／冷・温湿布／喘息やアレルギー・その他の持病に対応する常備薬 など

弱ったとき用のごはんをストック

体調が悪いと買い物に行けないことも。当面をしのげるように食品を常備しておくと安心。

体調不良でも食べやすい食品

アイスクリーム／ゼリー飲料／レトルトのおかゆ／フルーツの缶詰／経口補水液／スポーツドリンク／野菜ジュース など

病院やタクシーの連絡先を調べる

緊急用に近所の病院のリサーチを。すぐにタクシーを呼べるようにスマホに配車アプリも入れて。

かかりつけ医を見つける

近所の評判のいい医師などを「かかりつけ医」に決め、普段から健康相談をしておくと◎。

体調が悪いかも…？と思ったら

水分をしっかりとる

発熱や嘔吐の症状があると、脱水症状になることも。経口補水液などでこまめに水分補給を。

睡眠をとって安静にする

体力を回復させるためにも、しっかり睡眠をとり、自宅で安静に過ごすことが大切です。

軽症でも病院へ

自己判断せず早めに病院で診察を受けて。近所にかかりつけ医がいると相談しやすいです。

症状によっては入浴を控える

入浴は体力を消耗するので、発熱や嘔吐、下痢などの症状が見られる場合は控えましょう。

食べやすいもので栄養補給

胃腸の働きが低下しているのでおかゆなど消化のよいものを。レトルトを利用するとラク。

やわらかく煮込んだうどんなども◎。脂っこい料理や食物繊維の多い食材は避けて

急激に体調が悪化したときは

こんなときはすぐに救急車を

激痛や呼吸困難、高熱、多量の出血を伴うけがなどの場合は、躊躇せずに救急車を呼んで。意識のあるうちに玄関の鍵を開けて待機を。

救急車を呼ぶか迷うなら

病院受診の目安がわかる全国版救急受信アプリ「Q助」や、医師・看護師などに電話で相談できる救急安心センター「#7119」を利用して判断を。

救急車に乗るときはこれを準備

- □ 保険証、診察券、お薬手帳
- □ 現金（治療費、帰宅時の交通費など）
- □ 靴や上着（症状が落ち着いて帰宅することになったときのために）

救急車を呼ぶときに伝えること

- □ 救急であることを伝える
- □ 住所（目印も）、氏名、年齢、電話番号を伝える
- □ 状態を説明する（症状やけがの状態、意識や呼吸の有無など）

困ったあれこれ、どうやって解決？

ひとり暮らしのトラブル相談室

大切なのはひとりで悩まないこと。
周囲や専門機関に相談すれば
解決スピードも早まります。
困った際の相談先もご案内します。

《事故や犯罪にまつわるトラブル》

交通事故に遭ったら

その場の判断で示談にせず、必ず通報を。けがをしていないように見えても後から症状が現れることもあるので、すぐに受診しましょう。

1 警察に連絡する（強い衝撃を受けた場合は救急車も呼ぶ）
2 相手の住所、氏名、連絡先、車のナンバー、加入している保険を聞いてメモする
3 可能なら事故現場や事故車の写真を撮り、相手との会話を録音する
4 目撃者がいたら住所、氏名、連絡先を聞いておく
5 保険会社に連絡する
6 なるべく早く病院へ行き、診断書をもらう

交通事故を起こしたら

現場から立ち去ると救護義務違反になるので、必ず警察に連絡を。保険会社に連絡すると事故後の対応をフォローしてもらえることも。

1 車を安全な場所に停めてエンジンを切る。ハザードランプをつけるなど後続車へ注意喚起を行い二次被害を防止する
2 負傷者がいる場合、必要があれば救急車を呼び、できるかぎりの応急処置を行う
3 警察に報告する
4 相手の住所、氏名、連絡先、車のナンバー、加入している保険を聞いてメモする
5 可能なら事故現場や事故車の写真を撮り、相手との会話を録音する
6 目撃者がいたら住所、氏名、連絡先を聞いておく
7 保険会社に連絡する
8 なるべく早く病院へ行き、診断書をもらう

3 大家さんや管理会社に連絡する
4 盗まれたものに応じて手続きをする
預金通帳、キャッシュカード、クレジットカード……窓口に連絡し使用停止する
印鑑……役所や登記所に（銀行口座の届出印なら銀行にも）届け出る
保険証やパスポート、運転免許証……再発行の手続きをする
5 盗難保険に加入していたら手続きを行う
6 年末調整で控除を受けられる場合もあるので税務署に問い合わせる

空き巣に入られたら

まだ室内に犯人がいる場合もあるので、外に出てから通報を。クレジットカードの使用停止などは迅速に行い、二次被害を防ぎましょう。

1 何も触らず家の外に出て、警察に連絡する
2 被害状況を確認し、警察に盗難届・被害届を提出する

デートレイプなど性犯罪の被害に遭ったら

時間が経過するほど証拠が残りにくくなります。ケアを受けるためにもひとりで悩まず、なるべく早く警察か公的な相談窓口に連絡を。

1 被害直後なら、安全な場所や安心できる場所を探す
2 110番するか、警察の性犯罪被害相談電話「#8103」や性犯罪・性暴力被害者のためのワンストップ支援センター「#8891」に連絡
3 証拠保全のため、シャワーやお風呂でからだを洗う前に警察やワンストップ支援センターへ。被害に遭った際に着ていた衣服・下着や被害に遭う前に使った食器（洗わない）、飲んだもの・食べたものの残りを持っていく
4 妊娠や性感染症が心配な場合は、なるべく早めに医療機関に相談。緊急避妊薬を処方してもらい、被害から72時間以内に服用
5 証拠になるものがわからない、72時間以上経過したという場合でも、あきらめずに警察や医療機関に相談

詐欺被害に遭ったら

巧妙な手口が増えています。個人情報の入力や振込への誘導、購入の勧誘などには注意を。ひとりで解決しようとせず、早めに相談窓口などに連絡を。

もしかして詐欺?と迷ったら

お金を支払う前に、消費者ホットライン「188」または警察の相談専用電話「#9110」に相談を。請求のあったメールや相手との会話の録音など、証拠も残しておくこと

お金を振り込んでしまったら

1 警察に被害届を提出する
2 振込先の銀行に連絡する（犯人がお金を引き出す前なら口座を凍結できる）

クレジットカードを不正利用されていたら

1 カード会社に連絡し、利用を停止する
2 警察に被害届を提出する
3 詐欺に遭った際にIDやパスワードを登録していたら変更する

おうちにまつわるトラブル

エアコンが壊れたら

エアコンや給湯器、ガスコンロなど、備え付けの設備の修理・交換費用は、基本的に大家さんや管理会社が負担。勝手に修理しないこと。

1 リモコンの電池切れなどを確認（取扱説明書があれば参照する）
2 賃貸契約書を確認し、大家さんか管理会社に連絡。必要に応じて修理などを手配してもらう

部屋の鍵をなくしたら

悪用されると、個人の問題では済まなくなることも。合鍵を持っていても、夜中であっても、大家さんか管理会社に連絡しましょう。

1 警察や交番に遺失届を出す
2 大家さんか管理会社に連絡し、今後の対応を相談
3 鍵が見つからない場合、大家さんか管理会社の指示に従って鍵を交換（勝手に交換しない）

トイレ詰まりは応急処置で解決することも

詰まりを直す器具「ラバーカップ」をホームセンターなどで購入しておくと安心。

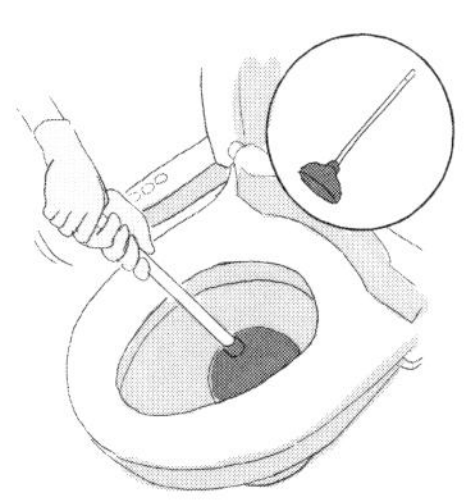

ラバーカップを排水口に押し当て、ぐっと引くのを繰り返して。

「ゴボゴボ」と音がしたら、バケツの水を少量ずつ流して確認。排水されたらOKです。

水道やトイレが故障したら

緊急対応してくれる出張サービスもありますが、確認不足などからトラブルになるケースも。作業内容や費用などを冷静に見極めて。

1 賃貸契約書を確認し、大家さんか管理会社に連絡（修理会社を紹介してもらえる場合も）
2 緊急で修理が必要な場合は、慌てずにサービスを検討

- □ 問い合わせの際に、基本料金のほかに見積もり料、出張料、点検料などが発生するか確認
- □ 作業開始前に見積もりを書面で提示してもらう
- □ サービス内容や見積もりに納得できない場合は、別の事業者を比較検討する

安心のために知っておきたい「電話相談ダイヤル一覧」

犯罪被害を相談したいときに

警察相談専用電話	#9110	犯罪被害に関する相談をしたいときのための電話窓口。被害が発生する前でも受付可能
性犯罪被害相談電話	#8103 （ハートさん）	全国共通の短縮ダイヤル。電話をかけると居住地の警察の性犯罪被害相談窓口につながる
性犯罪・性暴力被害者のためのワンストップ支援センター	#8891 （はやくワンストップ）	性犯罪、性暴力に遭ってしまったときに相談できる電話窓口。匿名でも相談できる
DV相談ナビ	#8008	最寄りの相談機関に転送。配偶者やパートナーからの暴力について、専門の相談員が対応
消費者ホットライン	188	契約に関することや悪徳商法によるトラブルなど、消費者としての被害を相談できる窓口

災害時や急病時に

災害用伝言ダイヤル	171	災害時に、音声でメッセージを預かるサービス。安否確認の手段として覚えておきたい
救急安心センター事業	#7119	体調不良やけがなどで救急車を呼ぶか病院に行くか迷ったとき、相談に乗ってもらえる

セクハラ、心の不調…etc.

女性の人権ホットライン	0570-070-810	配偶者・パートナーからの暴力やセクハラなど、女性をめぐる人権問題について相談可能
みんなの人権110番	0570-003-110	差別やパワハラなど、人権に関する相談のほか、ネット上での名誉棄損などについても対応
こころの健康相談統一ダイヤル	0570-064-556	最寄りの公的な相談機関につながる。ひとりでは抱えきれない悩みや苦しみがあるときに

＼マンガ／ ひとり暮らしあるある5「ローリングストック」

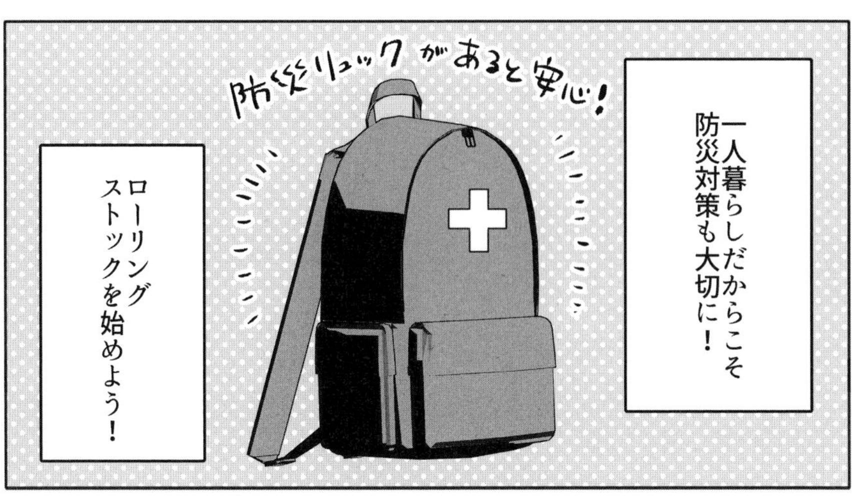

日頃食べる
インスタント食品を
多めに買って

食べながら備蓄
すると消味期限
切れを防ぐことが
できる

日常に取り入れる事で
災害時も日常に近い
食生活をおくれて
ストレスも少ないのが
いいね！

♪

ずず～っ

監修者紹介

PART 1

髙幣幹司(isroom)

不動産全般、宿泊事業、空き家活用と様々な事業を取り扱う、株式会社トラストライト代表。すみしん不動産(現三井住友トラスト不動産)、お部屋探しのミニミニで、仲介取引件数2000件の実績を積み、2017年に独立。フォロワー2.9万人のInstagramアカウント「isroom」を運用し、人気を博している(24年1月時点)。

Instagram：@is_room_

PART 2

成島理紗(おへやアレンジメント)

一人暮らしの女性専門お片付けサービス「おへやアレンジメント」代表。整理収納アドバイザー1級×インテリアコーディネーター。使い勝手・動線・お悩みをヒアリングしてお部屋を生まれ変わらせる「出張お片付けサービス」を通して延べ500件以上のお部屋のお片付けを行っている。

あすか

不要なものを減らし、ときめくお気に入りのものに囲まれた暮らしを提案する「ゆるミニマリスト」として、Instagramを中心に各種SNSで発信。ミニマルで統一感のあるインテリアやそのライフスタイルが支持されている、総フォロワー40万人超のインフルエンサー(24年1月時点)。

Instagram：@minimalist_ask

masato

東京都在住。1Kでのひとり暮らしの様子をInstagramで発信。素材感を活かしたナチュラルなインテリアや、さまざまな角度から部屋の魅力を伝える投稿が人気。趣味は旅行、カメラ、音楽。休日は家具や雑貨を見に行ったり、遠出して撮影したりして過ごす。

Instagram：@roomxxmst

mico

登録者数6.7万人推し活応援YouTubeチャンネル「mico's journal」運営(24年1月時点)。推しのいる日常のためのグッズ収納方法や推し活情報を発信中。

https://www.youtube.com/c/micosjournal

PART 3

みな

整理収納アドバイザー、クリンネストの資格を持つ主婦。自身で色々な方法を試しながら"簡単にできる掃除術"をまとめたInstagramが人気となり、フォロワー数は50万人超(24年1月時点)。著書に『しない掃除』(KADOKAWA)がある。

Instagram：@mina__room

PART 4

池田美希

料理研究家／栄養士。1991年10月20日生まれ。新潟県出身。食品メーカー勤務後、レシピ動画メディア勤務、料理研究家アシスタントを経て独立。定番調味料で作れるレシピを基本に、誰でも作りやすく、食材の美味しさを生かしたダイナミックな料理が得意。

PART 5

福一由紀

ファイナンシャルプランナー(CFP®、1級FP技能士)、マネーラボ関西代表　All Aboutマネーガイド。「生活に密着したマネー情報を、わかりやすく伝える」をモットーに、セミナーやコンサルティング、メディア等でお金に関するさまざまな情報を届けている。「将来の"困った"をなくし、楽しめる未来を描く」ための家計相談も受けている。

https://www.money-lab.jp/

PART 6

セコム・女性の安全委員会

2007年秋に発足した、セコムの女性社員を中心としたメンバーで構成された委員会。
「安全のプロとしての視点」と「女性ならではの視点」を活かし、年齢やライフスタイルを問わず、すべての女性の安全にかかわる啓発活動を行っている。

内見・引っ越しからお部屋づくり・家事・お金・防犯まで！
ひとり暮らしかんぺきBOOK

2024年3月1日　初版発行

マンガ　加納 ナナ

発行者　山下 直久

発行　株式会社KADOKAWA
〒102-8177　東京都千代田区富士見2-13-3
電話　0570-002-301(ナビダイヤル)

印刷所　大日本印刷株式会社

製本所　大日本印刷株式会社

●お問い合わせ
https://www.kadokawa.co.jp/（「お問い合わせ」へお進みください）
※内容によっては、お答えできない場合があります。
※サポートは日本国内のみとさせていただきます。
※Japanese text only

定価はカバーに表示してあります。

ISBN 978-4-04-606564-3　C0077